《新时代共识的凝聚——社会主义核心价值观宣传教育读本》编写组 ◎ 编

新时代共识的凝聚

XINSHIDAI GONGSHIDE NINGJU

——社会主义核心价值观宣传教育读本

北京师范大学出版集团
安徽大学出版社

图书在版编目(CIP)数据

新时代共识的凝聚:社会主义核心价值观宣传教育读本/《新时代共识的凝聚:社会主义核心价值观宣传教育读本》编写组编.—合肥:安徽大学出版社,2017.12(2024.11重印)

ISBN 978-7-5664-1522-6

Ⅰ.①新… Ⅱ.①新… Ⅲ.①社会主义建设－价值论－中国－学习参考资料 Ⅳ.①D616

中国版本图书馆 CIP 数据核字(2017)第 315991 号

新时代共识的凝聚
——社会主义核心价值观宣传教育读本

《新时代共识的凝聚——社会主义核心价值观宣传教育读本》编写组 编

出版发行:	北京师范大学出版集团 安徽大学出版社 (安徽省合肥市肥西路 3 号 邮编 230039) www.bnupg.com.cn www.ahupress.com.cn
印　　刷:	江苏凤凰数码印务有限公司
经　　销:	全国新华书店
开　　本:	710 mm×1010 mm　1/16
印　　张:	12.5
字　　数:	200 千字
版　　次:	2017 年 12 月第 1 版
印　　次:	2024 年 11 月第 3 次印刷
定　　价:	29.00 元

ISBN 978-7-5664-1522-6

策划编辑:姜　萍　王　黎　王　晶　　　装帧设计:李伯骥
责任编辑:姜　萍　　　　　　　　　　　美术编辑:李　军
责任印制:陈　如　孟献辉

版权所有　侵权必究

反盗版、侵权举报电话:0551—65106311
外埠邮购电话:0551—65107716
本书如有印装质量问题,请与印制管理部联系调换。
印制管理部电话:0551—65106311

引言

　　我国迈入新时代，开启新征程。社会主义核心价值观是当代中国精神的集中体现，凝结着全体人民共同的价值追求，为实现中华民族伟大复兴的中国梦提供强大的精神动力和思想保证。核心价值观是一个社会中居统治地位、起支配作用的核心理念，核心价值观是一个社会中居统治地位、起支配作用的核心理念，也是一个社会必须长期普遍遵循的基本价值准则，它往往担负着指导和评价人们行为的作用，通过引导、影响更多个体的价值取向和价值选择，来达到该群体中个体思想观念的一致性，使个体的活动能从分散趋向集中，从而保证社会价值目标较顺利地实现，更好地促进社会发展，保持社会稳定。核心价值观的功能是多方面的，它贯穿于人们每一活动的始终，渗透于社会生活的各个领域，是人的自我意识的核心，构建着个人的精神家园，回答着人生的价值和意义，引导、制约、规范着人的实践活动和全部社会生活，直接而深刻地影响着社会的凝聚力和创造力。

　　社会主义核心价值观是人们在建设社会主义的实践中形成和发展起来的，适应社会主义经济政治制度，适应社会主义文化发展繁荣要求，在社会主义价值体系中居统治地位、起主导作用的价值理念。党的十八大提出培育和践行社会主义核心价值观的根本任务，强调要倡导富强、民

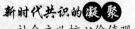

主、文明、和谐,倡导自由、平等、公正、法治,倡导爱国、敬业、诚信、友善。这"三个倡导"24个字,凝练概括了国家的价值目标、社会的价值取向和公民的价值准则,是社会主义核心价值观的基本内容。社会主义核心价值观是社会主义核心价值体系最深层的精神内核,是现阶段全国人民对社会主义核心价值观具体内容最大公约数的表述,具有强大的感召力、凝聚力和引导力。培育和践行社会主义核心价值观,是我们党立足推进中国特色社会主义伟大事业、实现中华民族伟大复兴中国梦的全局作出的重大决策,是凝魂聚气、强基固本的基础工程、战略工程,具有重大的现实意义和深远的历史意义。

我国正处在大发展大变革大调整时期,在前所未有的改革、发展和开放进程中,各种价值观念和社会思潮纷繁复杂。国际敌对势力正在加紧对我实施西化分化战略图谋,思想文化领域是他们长期渗透的重点领域。面对世界范围思想文化交流交融交锋形势下价值观较量的新态势,面对改革开放和发展社会主义市场经济条件下思想意识多元多样多变的新特点,迫切需要我们积极培育和践行社会主义核心价值观,扩大主流价值观念的影响力,提高国家文化软实力。核心价值观是精神支柱,是行动向导,对丰富人们的精神世界、建设民族精神家园,具有基础性、决定性作用。发展起来的当代中国,更加向往美好的精神生活,更加需要强大的价值支撑。要振奋起人们的精气神、增强全民族的精神纽带,必须积极培育和践行社会主义核心价值观,铸就自立于世界民族之林的中国精神。

中国梦由亿万中国人民为追求各自小梦想汇聚而成,在实现中国梦的征途中,亿万中国人民又在各自价值观的引导下,不断奋勇前行。中国梦的基本内涵就是实现国家富强、民族振兴、人民幸福。中国梦是社会主义核心价值观的具体体现,而实现中国梦又是社会主义核心价值观的具体践行。实现"两个一百年"的奋斗目标,实现中华民族伟大复兴的中国梦,必须有广泛的价值共识和共同的价值追求。当这些不同职业、不同地域、不同民族的人们的价值观汇聚一起就形成了我们共同的价值观,社会主义核心价值观为实现中华民族伟大复兴这个亿万中华儿女的中国梦奠定了坚实的基础。持续加强社会主义核心价值体系和核心价值观建设，不断巩固全党全国各族人民团结奋斗的共同思想基础，凝聚起实现中华民族伟大复兴的中国力量。

"富强、民主、文明、和谐"，是我国社会主义现代化国家的建设目标，也是从价值目标层面对社会主义核心价值观基本理念的凝练，在社会主义核心价值观中居于最高层次，对其他层次的价值理念具有统领作用。富强即国富民强，是社会主义现代化国家经济建设的应然状态，是中华民族梦寐以求的美好夙愿，也是国家繁荣昌盛、人民幸福安康的物质基础。民主是人类社会的美好诉求。我们追求的民主是人民民主，其实质和核心是人民当家作主。它是社会主义的生命，也是创造人民美好幸福生活的政治保障。文明是社会进步的重要标志，也是社会主义现代化国家的重要特征。它是社会主义现代化国家文化建设的应有状态，是对面向现代化、面向世界、面向未来的，民族的科学的大众的社会主义文化的概括，是实现中华民族伟大复兴的重要支撑。和谐是中国传统文化的基本理念，集中体现了学有所教、劳有所得、病有所医、老有所养、住有所居的生动局面。它是社会主义现代化国家在社会建设领域的价值诉求，是经济社会和谐稳定、持续健康发展的重要保证。

"自由、平等、公正、法治"，是对美好社会的生动表述，也是从社会层面对社会主义核心价值观基本理念的凝练。它反映了中国特色社会主义的基本属性，是我们党矢志不渝、长期实践的核心价值理念。自由是指人的意志自由、存在和发展的自由，是人类社会的美好向往，也是马克思主义追求的社会价值目标。平等指的是公民在法律面前一律平等，其价值取向是不断实现实质平等。它要求尊重和保障人权，人人依法享有平等参与、平等发展的权利。公正即社会公平和正义，它以人的解放、人的自由平等权利的获得为前提，是国家、社会应然的根本价值理念。法治是治国理政的基本方式，依法治国是社会主义民主政治的基本要求。它通过法制建设来维护和保障公民的根本利益,是实现自由平等、公平正义的制度保证。

"爱国、敬业、诚信、友善",是公民基本道德规范,是从个人行为层面对社会主义核心价值观基本理念的凝练。它覆盖社会道德生活的各个领域,是公民必须恪守的基本道德准则,也是评价公民道德行为选择的基本价值标准。爱国是基于个人对自己祖国依赖关系的深厚情感,也是调节个人与祖国关系的行为准则。它同社会主义紧密结合在一起,要求人们以振兴中华为己任,促进民族团结、维护祖国统一、自觉报效祖国。敬业是对公民职业行为准则的价值评价,要求公民忠于职守,克己奉公,服务人民,服务社会,充分体现了社会主义职业精神。诚信即诚实守信,是人类社会千百年传承下来的道德传统,也是社会主义道德建设的重点内容,它强调诚实劳动、信守承诺、诚恳待人。友善强调公民之间应互相尊重、互相关心、互相帮助,和睦友好,努力形成社会主义新型人际关系。

国家层面　富强　民主　文明　和谐

富强：实现中国梦的基础　　　　　　　　　　　　　　　　2

【释　　义】

  一、富强的基本内涵 …………………………………………… 2

  二、富强的主要目标 …………………………………………… 3

【案　　例】

  祖国是最坚强的后盾 …………………………………………… 6

  中华民族的"飞天"梦想 ……………………………………… 7

  震撼世界的"文字" …………………………………………… 8

【延伸阅读】

  全体中华儿女的共同向往(节选)

    ——关于实现中华民族伟大复兴的中国梦 ……………… 9

【小 贴 士】

民主：社会主义建设的重要目标　　　　　　　　　　　　　13

【释　　义】

  一、民主的内涵 ……………………………………………… 13

  二、人民民主是社会主义的生命力所在 …………………… 14

【案　　例】
　　毛泽东与黄炎培论"历史周期率" ………………………………… 17
　　民主选举和表决的发展历程 ……………………………………… 18
　　中国村民自治第一村 ……………………………………………… 19
【延伸阅读】
　　在庆祝全国人民代表大会成立60周年大会上的讲话(节选) …… 20
【小　贴　士】

文明:社会主义的内在要求　　24

【释　　义】
　　一、文明的内涵 …………………………………………………… 24
　　二、培育和践行社会主义文明观 ………………………………… 25
【案　　例】
　　南通的"莫文隋"精神 ……………………………………………… 28
　　公交车上的亮丽风景线 …………………………………………… 29
　　为民排忧解困的吴天祥 …………………………………………… 30
【延伸阅读】
　　在纪念孔子诞辰2565周年国际学术研讨会上的讲话(节选) …… 31
【小　贴　士】

和谐:社会主义的本质属性　　34

【释　　义】
　　一、和谐的内涵 …………………………………………………… 34
　　二、构建社会主义和谐社会 ……………………………………… 35
【案　　例】
　　周恩来总理出席万隆会议 ………………………………………… 38
　　汉藏同胞血浓于水 ………………………………………………… 40
　　和谐的"天路" ……………………………………………………… 41
【延伸阅读】
　　在省部级主要领导干部提高构建社会主义和谐社会能力专题研讨
　　班上的讲话(节选) ………………………………………………… 42
【小　贴　士】

社会层面　自由 平等 公正 法治

自由:社会主义的活力源泉 …… 46

【释　义】
- 一、自由的含义 …… 46
- 二、自由的意义 …… 49
- 三、我国"自由"的发展成就与存在的问题 …… 50
- 四、促进自由的原则和途径 …… 52

【案　例】
- 重要的历史转折:民主改革50年来西藏发展变革纪实 …… 53
- 李克强为何连续5年把简政放权作为"当头炮" …… 56
- "秦火火"一审被判刑三年 …… 59

【延伸阅读】
- 反对自由主义 …… 60

【小　贴　士】

平等:社会主义制度的内在要求 …… 63

【释　义】
- 一、平等的含义 …… 63
- 二、平等的价值 …… 66
- 三、我国"平等"的发展成就与存在的问题 …… 67
- 四、促进平等的原则和途径 …… 69

【案　例】
- 1959年10月26日刘少奇接见时传祥 …… 70
- 不忘心中的梁家河 …… 71
- 雪域高原暖风吹 …… 73

【延伸阅读】
- 在纪念联合国第四次世界妇女大会10周年会议开幕式上的讲话（节选） …… 78

【小　贴　士】

公正：社会主义的根本要求   83

【释　义】

一、公正的含义 …………………………………… 83

二、公正的价值 …………………………………… 85

三、我国"公正"的发展成就与存在的问题 ……… 87

四、促进公正的原则和途径 ……………………… 88

【案　例】

让公平正义的阳光照进日常生产生活 ………… 90

砥砺奋进的5年向冤假错案说"不" …………… 91

西藏自治区学生资助管理中心致高校新生们的公开信 …… 93

【延伸阅读】

切实把思想统一到党的十八届三中全会精神上来（节选） …… 95

【小　贴　士】

法治：社会主义治国理政的基本方式   97

【释　义】

一、法治的含义 …………………………………… 97

二、法治的价值 …………………………………… 100

三、我国"法治"的发展成就与存在的问题 ……… 101

四、推进法治建设的原则和途径 ………………… 102

【案　例】

实行宪法宣誓制度 ……………………………… 104

邱少云烈士人格权纠纷案 ……………………… 104

从简单到完善　从单一到丰富
——汉姓藏族法官康春生眼中的西藏法治进程 …… 105

【延伸阅读】

关于《中共中央关于全面推进依法治国若干重大问题的决定》的说明（节选） …… 108

【小　贴　士】

个人层面 爱国 敬业 诚信 友善

爱国:民族精神的核心 ……………………………………… 114

【释　义】

一、爱国的基本内涵 …………………………………… 114

二、爱国就要落实到行动上 …………………………… 117

【案　例】

中国女排精神 ………………………………………… 123

爱国之情应化为爱国之行 …………………………… 125

慷慨激昂,用诗歌表达爱国精神 …………………… 126

【延伸阅读】

大力弘扬伟大爱国主义精神　为实现中国梦提供精神支柱
——习近平主持中共中央政治局第二十九次集体学习中的讲话 …… 128

【小　贴　士】

敬业:社会主义的职业操守 …………………………… 131

【释　义】

一、敬业的内涵 ………………………………………… 131

二、敬业对国家、社会以及个人的重要性 …………… 133

三、敬业的实现路径 …………………………………… 137

【案　例】

为人民服务不是嘴上说说而已 ……………………… 139

心系铁路　自强不息 ………………………………… 141

消防战士　铮铮铁骨 ………………………………… 143

【延伸阅读】

习近平在同全国劳动模范代表座谈时的讲话 ……… 144

【小　贴　士】

诚信：社会发展之基 — 150

【释　义】
- 一、诚信的内涵 ················ 150
- 二、诚信是我国的传统美德 ·········· 153
- 三、我国培育诚信的路径 ············ 156

【案　例】
- 用最好的材料打造藏餐饭馆标杆 ········· 159
- 做人要诚实　做事要诚信 ············ 161
- 环卫工作虽平凡　拾金不昧品德高 ········ 162

【延伸阅读】
- 个人诚信是基础　企业诚信是核心　政府诚信是关键 ······ 163

【小　贴　士】

友善：中华民族传统美德 — 166

【释　义】
- 一、友善的内涵 ················ 166
- 二、友善的意义 ················ 167
- 三、如何构建友善和谐的社会环境 ········ 173

【案　例】
- 带领乡亲奔赴致富路 ·············· 177
- 友善是治堵的"精神疗法" ············ 178
- 三轮车撑起贫困孩子的希望 ··········· 180

【延伸阅读】
- 一步一个脚印向前走
  ——评习近平主席在华盛顿州当地政府和美国友好团体联合欢迎宴会上的演讲 ······ 182

【小　贴　士】

后　记 — 185

国家层面
富强 民主 文明 和谐

价值观是人们心中的深层信念系统,核心价值观能否与时俱进,直接影响一个国家的凝聚力和影响力。十八大报告中倡导富强、民主、文明、和谐,倡导自由、平等、公正、法治,倡导爱国、敬业、诚信、友善,积极培育和践行社会主义核心价值观。因此,我们从国家、社会、公民三个层面概括社会主义核心价值观。

"富强、民主、文明、和谐"就是国家层面价值观念的凝聚,是我国社会主义初级阶段现代化建设的奋斗目标。它深刻表达了社会主义中国的国家意志。在整个社会主义核心价值观中居于最高层次,对其他层次的价值理念具有统领作用。它也反映了全国最广大人民群众的意愿和诉求。

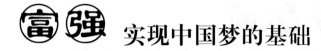 实现中国梦的基础

中国人民正在为实现中华民族伟大复兴的中国梦而奋斗。实现中华民族伟大复兴的中国梦,就是要实现国家富强、民族振兴、人民幸福,既深深体现了今天中国人的理想,也深深反映了中国人自古以来不懈追求进步的光荣传统。

——习近平

一、富强的基本内涵

中国梦的本质是实现国家富强、民族振兴、人民幸福,其中国家富强是民族振兴、人民幸福的基础和前提,是中国梦的首要之义。

所谓富强,有着两个基本含义,一是社会生产力高度发达,产品丰裕。能够满足社会各方面的需求,人民群众的生活水平不断提高,国家手中掌握较多资源,可以用于发展各种利国利民的事业、向社会提供福利以及救灾抢险等。二是有一支听党指挥、能打胜仗,保卫国家安全、社会稳定、人民生命财产安全的武装力量。对于当代中国来说,富强不仅是社会主义存在和发展的物质基础,也是最终解决我国当前建设过程中出现的各种困难和问题的物质保证,是中国特色社会主义优越性的重要体现。

二、富强的主要目标

事实上,中国一直以来就有富民强国的思想,古代思想家都不约而同地将其看作重要的治国之道。比如,在《论语》中就有"足民"的主张,《管子》里有"富民"的思想。但是近代以来,中国在追求富强的道路上经历了种种艰辛。鸦片战争之后,积贫积弱的旧中国在半殖民半封建中一步一步沦为西方列强争相宰割的对象。19世纪60年代,以曾国藩、李鸿章、左宗棠、张之洞为代表的洋务派,率先进行了"自强求富"的尝试,在"师夷长技以制夷"的口号下,掀起了轰轰烈烈的洋务运动。但是,洋务派只学技术、不改制度的做法注定是要失败的。1894年,甲午战争彻底击碎了国人的富强美梦。其后,以康有为、梁启超、谭嗣同等为代表的资产阶级维新派和以孙中山、黄兴、宋教仁等为代表的资产阶级革命派也进行了挽救民族危亡、追求富强的探索,终因其软弱性和不彻底性而归于失败。正如毛泽东同志所说:"在一个半殖民地的、半封建的、分裂的中国里,要想发展工业,建设国防,福利人民,求得国家的富强,多少年来多少人做过这种梦,但是一概幻灭了。"①

中国共产党的成立使整个国家的面貌焕然一新。从此以后,中国人民谋求民族独立、人民解放和国家富强、人民幸福的斗争就有了主心骨,中国人民从精神上由被动转为主动。为了实现中华民族伟大复兴的历史使命,无论是弱小还是强大,无论是顺境还是逆境,中国共产党都初心不改、矢志不渝,团结带领人民历经千难万险,付出巨大牺牲,敢于面对曲折,勇于修正错误,攻克了一个又一个看似不可攻克的难关,创造了一个又一个彪炳史册的人间奇迹。

1949年新中国成立,为中国人民探索国家富强的道路打下了坚实的基础。在1956年召开的党的八大上,中国共产党明确提出,要把中国建设成为一个"伟大的、富强的、先进的"社会主义国家。毛泽东也说过:"我们的目标

---

① 《毛泽东选集》第3卷,北京:人民出版社,1991年,第1080页。

是要使我国比现在大为发展大为富大为强。"①但是由于缺乏相关的建设经验和对于国际国内形势的错误判断,社会主义建设出现了严重的挫折。幸运的是,党及时作出调整,在十一届三中全会上果断停止使用"以阶级斗争为纲",并将工作重心转移到社会主义经济建设上来,使我们重新走上正确的追求国家富强的道路。邓小平强调:"社会主义要消灭贫穷。贫穷不是社会主义,更不是共产主义。"②共同富裕是社会主义的本质追求。

经过九十多年的艰苦奋斗,特别是经过三十多年的改革开放,我们坚持走科学发展的道路,不断出台惠民、富民的政策,在全国人民的共同奋斗下,人民生活越来越富裕,国家经济实力越来越强大,中国从一个贫穷落后的国家日益走向繁荣富强,中华民族伟大复兴展现出光明前景。有了这样的历史经历,"富强"也就具有了更为深层的意义,它不仅在社会主义核心价值观中有着特殊地位和丰富内涵,也承载了中国人民长久以来的梦想。

从富强的主体来看,富强在于富民。民富国强,没有民富就没有国强,也就谈不上富强。社会主义发展的成果最终也要由全体人民来共同分享。邓小平曾经说过,"贫穷不是社会主义","社会主义必须摆脱贫穷"。这已经成为全国人民的共识。改革开放以来,在党的领导下,我们在致富、富民的道路上奋勇开拓、积极进取。不但使十几亿中国人从根本上摆脱了贫困,而且使我们的经济总量连续超过英国、德国、日本等发达国家,成为世界第二大经济体。更为重要的是中国的"富",不是一小部分人的富裕,而是全体中国人达到共同富裕。正如十八大报告中所说的,我们在2020年要实现,"人民生活水平全面提高。基本公共服务均等化总体实现。全民受教育程度和创新人才培养水平明显提高,进入人才强国和人力资源强国行列,教育现代化基本实现。就业更加充分。收入分配差距缩小,中等收入群体持续扩大,扶贫对象大幅减少。社会保障全民覆盖,人人享有基本医疗卫生服务,住房保障体系基本形成,社会和谐稳定"。

---

① 《毛泽东文集》第6卷,北京:人民出版社,1999年,第495页。
② 《邓小平文选》第3卷,北京:人民出版社,1993年,第83~84页。

从其客体来说,富强的价值目标本身并不是固定不变的,而是随着时代的发展、社会的进步而不断发展。它首先体现在国家拥有巨大的财富储备和强大的经济实力上。富裕是富强的一个方面,但富裕不等于富强,富国也不等于强国。有些小而富的国家,比如卢森堡、阿联酋等,人均国民生产总值非常高,非常富裕,是名副其实的"富国",甚至可以说是全世界最富的国家,但是由于其国家经济实力总量规模小,所以不可能成为经济大国、强国。一个富强的国家,其国家经济需达到相当规模,这包括国家的宏观经济总量在世界上名列前茅,也要求拥有相当一批规模巨大的企业参与国际竞争。不具备这两者很难说得上是一个经济大国。更为重要的是,国家经济体需要有非常强大的发展活力和竞争力,密切保持与世界各国的经济联系,包括对外贸易的联系和货币金融的联系。否则,也不能称得上强国。例如,晚清时期中国国土面积、人口数量以及经济总量应该是非常之大的,但是它不但不强大,反而在遭遇外敌入侵时虚弱不堪,最终沦落到任人宰割的悲惨境地。其次也表现在综合国力上。当今世界国与国之间的竞争是以经济实力为基础的综合国力的竞争。经济的富强是国家综合国力强大的基础,但它还只是必要条件。一个真正的强国,也需要政治、军事、文化、科技、教育等硬实力、软实力的发展和强大。因此,一个富强的国家除是经济富国、强国之外,还应是政治强国、军事强国、文化强国、科技强国、人才强国等。比如,一个国家无论是战争时期还是和平时期,都应该保有一支强大的军事力量,军事实力是一个国家综合国力的重要象征。

在实现中国梦的伟大进程中,富强无疑是一个重要的追求目标。在国家博物馆参观《复兴之路》展览时,习近平表示:"我坚信,到中国共产党成立100年时全面建成小康社会的目标一定能实现,到新中国成立100年时建成富强民主文明和谐的社会主义现代化国家的目标一定能实现,中华民族伟大复兴的梦想一定能实现。"①这就指明了当前阶段我们建设富强中国的新目标。

到中国共产党成立100周年时,我们要"全面建成小康社会"。这是我们

---

① 《习近平谈治国理政》,北京:外文出版社,2014年,第36页。

党向人民、向历史作出的庄严承诺,是全国人民的共同期盼。如期全面建成小康社会,前进道路并不平坦,会有很多的矛盾和困难,相应的风险和隐患也不少,挑战依然十分严峻。当前,我们已经进入全面建成小康社会的决胜阶段,气可鼓而不可泄,业可进而不可退。只有持续奋斗、迎难而上,按照党的十八大提出的全面建成小康社会的各项要求,突出抓重点、补短板、强弱项,特别是坚决打好防范化解重大风险、精准脱贫、污染防治的攻坚战,坚定不移深化供给侧结构性改革,才能推动经济社会持续健康发展,才能如期建成得到人民认可、经得起历史检验的全面小康社会。

2020年全面建成小康社会,只是我们万里长征迈出的第一步。此后,我们将踏上建设社会主义现代化国家的新征程,进入第二个百年奋斗目标的新阶段。如期实现全面建成小康社会将会为我国的社会主义现代化建设奠定扎实的基础、积累宝贵的经验,将使我们更接近中华民族伟大复兴中国梦的目标,也更有信心、有能力实现这个目标。我们要坚定"四个自信",增强"四个意识",认真贯彻党中央决策部署,以昂扬的精神状态和奋斗姿态朝着建设社会主义现代化国家、实现中华民族伟大复兴中国梦的目标不断前进。

祖国是最坚强的后盾

2017年8月,微信朋友圈被《战狼2》刷屏了!这部电影以50多亿元的票房创造了国内电影史上的奇迹,而它的原型就是2015年的也门撤侨行动。

在也门的中国公民也许都没有想到,他们会以这样一种方式离开,更没有想到,他们以这样的方式亲身经历了中国的复兴过程。

2015年3月26日凌晨,也门局势骤然紧张,沙特阿拉伯组织联军对也门境内的胡塞武装发动空袭,并宣布也门全境禁飞。一时间,战火四起,交通中断,中国公民急需撤离。但是,他们却发现自己处在一个进退维谷的境地。想走空路,遭遇禁飞。想走陆路,各派武装激烈交火,太过危险。

也就是在这一天,外交部部长王毅对媒体表示,"我们已经开始行动",在也门的同胞很快就会安全地踏上归途。随着习近平主席一声令下,正在亚丁湾执行护航任务的"临沂"舰、"潍坊"舰和"微山湖"舰立即改变任务,向也门相关海域高速机动,并在最短时间内完成舰艇靠泊、人员核准登舰、舰艇和登陆港口安全警戒、生活保障、卫生防疫等一切准备。

3月29日下午1点40分左右,悬挂着中国国旗的海军"临沂"舰突然出现在亚丁港。寂静的人群沸腾起来,涌向岸边,一边互相拥抱一边呼喊着——"军舰!我们的军舰来了,祖国万岁!"军舰停稳后,20多名荷枪实弹的海军陆战队员迅速上岸,不到一分钟就围住所有撤离人员,并在港口设置了警戒线。大家有序登舰之后,终于吃上了两三天来的第一顿热饭。海军官兵更是将自己的床铺都收拾好供撤离侨胞休息。到4月6日,全部613名中国公民、16名使领馆工作人员已安全撤离也门,中国还帮助15个国家的279名外国公民随中国军舰撤离。

谈起那次撤侨,大家仍然激动不已。对撤离侨胞来说,感受到的除幸运,还有深深的家国情怀。在苦难无助的时候,祖国是他们最坚强的后盾。对参与撤侨行动的工作人员来说,除认为这是自己应尽的义务外,也更直接地感受到祖国的强大。经过两年时间的积淀,所有的亲历者都深深感到,自己见证了历史,也走进了历史,成为中国特色大国外交历史时刻的一部分。

(资料来源:《光明日报》,2017年10月9日。)

【点评】2015年的也门撤侨行动,是中国大力建设远洋海军的重要收益,也是祖国不断富强的证明。这让我们深刻感受到,作为一个中国公民,无论我们身在何方,祖国都是我们最值得信任的坚强后盾。

中华民族的"飞天"梦想

2002年11月4日,"神舟"飞船实物模型和返回舱实物首次在珠海展出,成为中国第四届航空航天博览会上最耀眼的明星。

新中国成立以后,中国航空航天技术有了较大发展。1970年4月24日,随着西北戈壁滩的一声巨响,"东方红"一号载着中华民族的飞天梦徐徐升空……这是中华民族向太空进军的第一声礼炮。在举国欢庆"东方红"的时候,中国科学家们又提出一鼓作气载人飞天。但是由于种种原因,中国的载人飞天梦想最终尘封在一张张构思草图中……

改革开放,特别是20世纪90年代以后,我国终于迎来了航天事业发展的新高潮。"神舟"一号、二号、三号、四号飞船相继飞上天空,是我国航天事业一步一个脚印的真实写照。历史的时钟,终于执着而坚定地走到2003年的金秋,中国第一艘载人宇宙飞船蓄势待发。10月15日,伴随着全国亿万人的欢呼声,我国自主研制的"神舟"五号载人飞船,在中国酒泉卫星发射中心发射成功,中国第一名航天员杨利伟被送上太空。这是我国进行的首次载人航天飞行,标志着中国载人航天工程取得历史性重大突破,中国已成为世界上继苏联、美国之后第三个能够独立开展载人航天活动的国家。

展望当今世界,一个新的月球探测热潮已经到来。美国不久前提出"重返月球",宣布了"新前锋月球探测计划",明确今后的深空探测以月球为主;欧洲空间局则计划在2020年之前分四个阶段进行月球探测,最后将完成月球基地建设,航天员进驻永久性月球基地,年内将发射首个月球探测器。此外,日本、印度也提出了自己的探月计划。面对激烈的空间科技竞争,中国人的脚步不仅不能停下,还要快马加鞭,迎头赶上。

这就是中国人不断追求,永无穷期的"飞天"之梦。

(资料来源:《解放军报》,2003年10月15日。)

【点评】中国航天事业的发展,凝聚了无数航天人的毕生心血,也是几代中国人共同的期盼。从无到有,从弱到强,中华民族的"飞天"之路越走越宽阔。

震撼世界的"文字"

2008年8月8日晚,奥运圣火在北京"鸟巢"体育馆熊熊燃起。别具中国特色的开幕式为世界展现了五千年中华文明的独特魅力,全世界人民无不为中华民族所展示出的悠久历史文化和强大创造力深深震撼。

在精彩纷呈的开幕式中,《文字》节目让全世界无数观众叹为观止。在悠远深沉的《论语》吟诵声中,一个个模拟活字印刷术的"字模"上下起舞,时而如波涛翻腾起伏,时而如书画舒张漫卷,整个场面富有极强的视觉冲击力和感染力。表演的时间虽然只有4分钟,但是给观众留下了非常深刻的印象。然而可能很少有人知道,这4分钟背后却是表演战士们付出的难以想象的努力。

"活字印刷盘"由897个字模组成,也就是要由897个人来进行表演。4分钟的表演时间内,每人平均2秒钟做一个动作,897名战士就需要完成121996个动作,而且每一秒钟每一个战士的动作都是不同的。为了准确标记每一个动作,需要在纸上将动作进行分解,光演算纸就用去了近两万张。更为困难的是,战士们还要放弃平时训练中已经习惯的整齐划一的动作,因为在表演过程中,每名战士每个时刻的动作都是不同的。只有通过成千上万次的重复,形成肌肉记忆,在演出中才可能不出差错。

对战士们来讲,每天上下操作道具近万次,不仅在肉体上而且在精神上都是一种艰巨的考验。但是,为了奥运会开幕式的精彩瞬间,战士们以顽强的战斗作风投入紧张的训练,抓紧每一分钟时间。虽然一天天听着单调的口令,做着重复的动作,但战士们始终以饱满的热情进行训练。这些努力终于在8月8日开幕式中收获了良好的效果。

表演战士在《文字》节目中的辛勤付出以及所展现出来的顽强意志,只是整个奥运会筹备庞大工程的一个侧面。正是因为有无数这样的中国人为之努力奋斗,才最终得以在全世界人民面前呈现出一场完美无瑕的绝世盛会。盛世襄盛事,时代奏强音。北京奥运会的成功举办见证了中国昂扬奋进的发展,见证了这个东方大国与日俱增的自立与自强。人们必将会记住这一幕幕的美好场景,记住中国人民阔步向前的奋斗身影。

(资料来源:《中国梦里的中国故事》,北京:解放军出版社,2015年。)

【点评】 2008年,中国人民的百年奥运梦想终于成真。奥运开幕式向世界展示了一个积极向上、富有特色的中国形象,在这背后是无数中华儿女的无私奉献和付出。

全体中华儿女的共同向往(节选)
——关于实现中华民族伟大复兴的中国梦
习近平

二〇一二年十一月二十九日,党的十八大刚刚闭幕不久,习近平总书记

率中央政治局常委和中央书记处的同志来到国家博物馆,参观《复兴之路》展览。习近平总书记深情指出:"现在,大家都在讨论中国梦,我以为,实现中华民族伟大复兴,就是中华民族近代以来最伟大的梦想。"此后,他又在十二届全国人大一次会议闭幕会上,在同全国劳动模范代表、各界优秀青年代表座谈时,在出访和接受国外媒体采访等很多重要场合,对中国梦进行了深刻阐述。中华民族伟大复兴的中国梦一经提出,就释放出强大的号召力和感染力。老百姓热议中国梦,社会舆论聚焦中国梦,海外华人述说中国梦,国际社会关注中国梦,中国梦成为中国走向未来的鲜明指引,成为激励中华儿女团结奋进、开辟未来的一面精神旗帜。

1. 中国梦凝聚了几代中国人的夙愿

只有创造过辉煌的民族,才懂得复兴的意义;只有经历过苦难的民族,才对复兴有如此深切的渴望。《复兴之路》展览,回顾了中华民族的昨天,展示了中华民族的今天,宣示了中华民族的明天,生动诠释了近代一百多年来中国人民寻梦、追梦、圆梦的历史旅程。习近平总书记引用三句诗对这段历史进行了生动叙说。

中华民族的昨天,可以说是"雄关漫道真如铁"。近代以后,中华民族遭受的苦难之重、付出的牺牲之大,在世界历史上都是罕见的。但是,中国人民从不屈服,不断奋起抗争。为了民族复兴,几代人魂牵梦萦,亿万人心结难解。历经上下求索、千辛万苦,中华民族终于在中国共产党的正确领导下,掌握了自己的命运,建立了新中国,确立了社会主义制度,开始了建设自己国家的伟大进程。

中华民族的今天,可以说是"人间正道是沧桑"。改革开放以来,我们总结历史经验,不断艰辛探索,终于找到了实现中华民族伟大复兴的正确道路,取得了举世瞩目的伟大成就。在中国特色社会主义道路上,我国经济实力、综合国力大大增强,人民生活显著改善,实现了从温饱不足到总体小康再向全面小康迈进的跨越。国际地位和国际影响力空前提升,中国崛起被国际媒体称为"近年来最重要的全球变革"。

中华民族的明天,可以说是"长风破浪会有时"。经过鸦片战争以来一百七十多年的持续奋斗,中华民族伟大复兴展现出光明的前景。深藏于中国人民心中的民族复兴梦想,终于不再是空中楼阁,而犹如地平线上跳动着的朝阳,喷薄而出。正如习近平总书记指出的:"现在,我们比历史上任何时期都更接近中华民族伟大复兴的目标,比历史上任何时期都更有信心、有能力实现这个目标。"

这三句诗将中华民族的昨天、今天和明天,熔铸于百余年中国波澜壮阔、沧桑巨变的历史图景,展现于几代人为民族复兴奋斗的艰辛历程,令人感慨、催人奋进。中国梦,反映了近代以来一代又一代中国人的美好夙愿,进一步揭示了中华民族的历史命运和当代中国的发展走向,指明了全党全国各族人民共同的奋斗目标。这一重要战略思想,充分体现了我们党高度的历史担当和使命追求,是新一届中央领导集体对全体人民的庄严承诺,是党和国家面向未来的政治宣言,为坚持和发展中国特色社会主义注入了新内涵。

2. 中国梦的本质是国家富强、民族振兴、人民幸福

中国梦视野宽广、内涵丰富、意蕴深远。习近平总书记指出,"中国梦的本质是国家富强、民族振兴、人民幸福"。这个梦想,把国家的追求、民族的向往、人民的期盼融为一体,体现了中华民族和中国人民的整体利益,表达了每一个中华儿女的共同愿景。正因为如此,它具有了广泛的包容性,成为回荡在十三亿人心中的高昂旋律。

中国梦是国家情怀、民族情怀、人民情怀相统一的梦。"家是最小国,国是千万家"。国泰则民安,民富则国强。中国梦的最大特点,就是把国家、民族和个人作为一个命运共同体,把国家利益、民族利益和每个人的具体利益紧紧联系在一起,体现了中华民族固有的"家国天下"的情怀。实现中国梦,意味着中国的经济实力和综合国力、国际地位和国际影响力大大提升,意味着中华民族以更加昂扬向上、文明开放的姿态屹立于世界民族之林,意味着中国人民过上更加幸福富裕安康的生活。

中国梦归根到底是人民的梦。人民是中国梦的主体,是中国梦的创造者和享有者。中国梦必须紧紧依靠人民来实现,必须不断为人民造福。我

们的人民是伟大的人民,中国人民素来有着深沉厚重的精神追求,即使近代以来饱尝屈辱和磨难,也没有自弃沉沦,而是始终怀揣梦想,向往光明的未来。实现中华民族伟大复兴,不是哪一个人、哪一部分人的梦想,而是全体中国人民共同的追求;中国梦的实现,不是成就哪一个人、哪一部分人,而将造福全体人民。因此,中国梦的深厚源泉在于人民,中国梦的根本归宿也在于人民。

中国梦是国家的梦、民族的梦,也是每一个中国人的梦。"得其大者可以兼其小"。"宏大叙事"的国家梦,也是"具体而微"的个人梦。历史告诉我们,每个人的前途命运都与国家和民族的前途命运紧密相连。国家好,民族好,大家才会好。当今时代是放飞梦想的时代,每个人都有自己的美好梦想。从上学就业到住房就医,尊严的保证、事业的成功、价值的实现……十三亿个鲜活生动的个人梦想百川归海汇成中国梦。中国梦的广阔舞台,为个人梦想提供了蓬勃生长的空间;每个人向着梦想的不断努力,又都是实现伟大中国梦的重要力量。只要每个人都把人生理想融入国家和民族的伟大梦想之中,敢于有梦、勇于追梦、勤于圆梦,就会汇聚成实现中国梦的强大力量。

(资料来源:中国共产党新闻网,2014年7月3日。)

小贴士

哀公问于有若曰:"年饥,用不足,如之何?"有若对曰:"盍彻乎?"曰:"二,吾犹不足,如之何其彻也?"对曰:"百姓足,君孰与不足? 百姓不足,君孰与足?"

——《论语·颜渊》

凡治国之道,必先富民,民富则易治也,民贫则难治也。悉以知其然也? 民富则安乡重家,安乡重家则敬上畏罪,敬上畏罪则易治也。民贫则危乡轻家,危乡轻家则敢陵上犯禁,陵上犯禁则难治也。故治国常富,而乱国必贫。是以善为国者,必先富民,然后治之。

——《管子·治国》

 社会主义建设的重要目标

我们已经找到了新路,我们能跳出这周期率。这条新路,就是民主。只有让人民起来监督政府,政府才不敢松懈;只有人人起来负责,才不会人亡政息。

——毛泽东

一、民主的内涵

"民主"一词最早源于希腊文 demokratia,是由 demos 和 kratia 两词合成的。demos 是指人民,kratia 则是指权力或治理。民主作为一种理念,它萌发于两千多年前古希腊的雅典,当时著名政治家伯里克利说:"我们的制度之所以被称为民主政治,因为政权在全体公民手里。"但是希腊的民主政体并没有维持很长时间。近代民主的兴起和资本主义的发展有着密切联系,18 世纪的美国革命和法国大革命确立了基本的民主制度,19 世纪欧洲和北美选举权的扩大,民主理念进一步发展,到了 20 世纪已经成为某种神圣的价值,成为社会文明与进步的一面旗帜。无论是否符合事实,几乎任何政府或组织都把自己描绘成民主的,而把对手说成是不民主或者反民主的。

二、人民民主是社会主义的生命力所在

在马克思主义政治学中,民主也是核心的价值理念。马克思曾经明确指出,1871年建立的巴黎公社,作为第一个无产阶级政权,实质上是工人阶级的政府;工人阶级的政治要求,就是用民主的方式管理国家和改造社会。社会主义作为新型国家,应该自觉地遵循民主的规则,建立健全人民当家作主的民主制度,形成良好的民主秩序氛围。马克思主义承认资本主义民主价值观取代封建等级制是一次历史性进步,但也充分认识到资产阶级民主制度的历史局限性。尽管资产阶级民主取代封建等级和世袭制度是人类的一次解放,但它的享有者仍然只是少数人,更确切地说是资产阶级。列宁一针见血地指出:"资产阶级害怕充分自由和充分民主,因为它知道,觉悟的即社会主义的无产阶级会利用民主来反对资本主义的统治。"不仅早期的资本主义不能实现充分的民主,当代的资本主义国家同样不能实现充分的民主。西方学者威廉·佛巴斯认为:随着社会的发展,人民的确获得越来越多的社会权利。"但仅有社会权利还不够……没有改革者所谓的'工业民主','政治民主是不可能实现的'。工业化已经使国民从工匠和农民变成了领薪者,他们的财产更少,也无法摆脱……'内在不平等'和对工业雇主的'依赖'关系。问题不仅仅在于物质上的需求,而且还关乎到尊严;老板或厂主的专横、工人在工作场所缺乏自主、发言权和权力。工资奴隶显然不是民主国家公民的应有身份。"因此,西方社会虽然有民主的形式,却远没有实现民主的所有内容,甚者还没有触及民主的实质内容,那就是广大人民在国家经济、政治、文化和社会生活各方面都能够当家作主。正是在批判资本主义民主的基础上,马克思主义发展了社会主义民主的一系列观点。社会主义民主建立在生产资料公有制基础上,是为广大劳动人民所享有的民主。社会主义民主是多数人的民主,是迄今为止人类历史上最高形态的民主,它和资本主义民主的最大不同在于广大人民群众翻身做了主人,获得了管理国家和社会的权利。社会主义民主是真实、广泛的民主。

中国共产党是马克思主义民主理念的继承者和实践者,中国特色社会主义应当具有比资产阶级民主更广泛、更进步的民主,我们能够实现比资本主义社会更完善的民主、更充分的自由,能够为广大人民建立更和谐、更公平正义的社会。民主不是资本主义国家的专属之物,我们要坚决实现无产阶级的民主,也就是人民民主。中国共产党自成立之日起,就以争取和实现人民当家作主为己任,并为此进行了长期不懈的努力。在新民主主义革命时期,中国共产党领导团结各族人民为实现民主自由进行了长期的浴血奋战。新中国成立后,党领导全国各族人民建立了人民民主专政的国体和人民代表大会制度的政体,实现了向社会主义民主的伟大跨越,人民第一次成为国家的主人。在领导广大人民全力推进经济建设的同时,也在如何实现社会主义民主这一重大问题上进行了许多有益的尝试和探索。党的十一届三中全会开创了中国特色社会主义道路,也开创了社会主义民主发展的新阶段。党总结历史经验教训,大力加强民主的制度化、法律化建设,坚持党的领导、人民当家作主、依法治国有机统一,坚持和完善人民代表大会制度、中国共产党领导的多党合作和政治协商制度、民族区域自治制度以及基层群众自治制度,不断推进社会主义政治制度的自我完善和自我发展,不断扩大人民民主。实际上,人民民主是社会主义的强大生命力之所在。中国特色社会主义道路的成功,就在于人民民主的不断扩大。邓小平指出:"没有民主就没有社会主义,就没有社会主义的现代化。"

正如十九大报告指出的,要长期坚持、不断发展我国社会主义民主政治,积极稳妥推进政治体制改革,推进社会主义民主政治制度化、规范化、程序化,保证人民依法通过各种途径和形式管理国家事务,管理经济文化事业,管理社会事务,巩固和发展生动活泼、安定团结的政治局面。回望中国民主政治的发展之路,我们更加坚信中国特色社会主义政治发展道路的正确性。坚持这条道路,最根本的就是必须把坚持党的领导、人民当家作主和依法治国有机统一起来。第一,中国共产党的领导是人民当家作主和依法治国的根本保证。要坚持党总揽全局、协调各方的领导核心作用,提高党科学执政、民主执政、依法执政水平,保证党领导人民合法治理国家。只有坚持和改善党的领导,增强党和国家的活力,才能坚持我国民主发展的社会主义方向,人民当家作主和依法治国才能有可靠的保证。第二,人民当家作主是社会主义民主政治的本质和核心要求。社会主义民主政治的本质是人民当家作主。共产党执政就是领导和支持人民当家作主。要坚持国家一切权力属于人民,健全民主制度,丰富民主形式,拓宽民主渠道,保证人民依法实行民主选举、民主决策、民主管理、民主监督,才能充分实现人民当家作主的权利。第三,依法治国是党领导人民治理国家的基本方略。必须在坚持依法治国、依法执政、依法行政共同推进,坚持法治国家、法治政府、法治社会一体建设的基础上,全面推进依法治国,建设法治中国。第四,党的领导、人民当家作主和依法治国是辩证统一关系。要把党的领导、人民当家作主和依法治国有机统一于坚持中国特色社会主义民主政治发展道路、培育和践行社会主义核心价值观的伟大实践之中,绝不能把它们分割开来甚至对立起来。此外,要充分发挥社会主义协商民主的重要作用。协商民主是实现党的领导的重要方式,是我国社会主义民主政治的特有形式和独特优势。要推动协商民主广泛、多层、制度化发展,统筹推进政党协商、人大协商、政府协商、政协协商、人民团体协商、基层协商以及社会组织协商。加强协商民主制度建设,形成完整的制度程序和参与实践,保证人民在日常政治生活中有广泛持续深入参与的权利。

当然,我们应当知道中国特色社会主义民主是一个实践的过程,也是一个发展的过程。当前,我国仍处于并将长期处于社会主义初级阶段,生产力水平总体还不高,经济社会发展很不平衡,这就决定了中国特色社会主义民主的发展不可能一蹴而就,而是一个长期的历史过程。中国特色社会主义民主的基本原则、基本制度必须毫不动摇地坚持,但同时必须结合新的实践不断研究新情况、新问题,使中国特色社会主义民主随着经济社会的发展而不断深化,与人民的自身素质、参与政治积极性的不断提高相适应。

积极培育和践行社会主义核心价值观,坚持中国特色社会主义的民主政治发展道路,要守住政治底线,认清社会主义民主与资本主义民主的根本区别。社会主义民主与资本主义民主在经济基础和服务目的、适用对象和阶级实质、原则和实践的关系、行使权力的形式等方面都有本质区别,不能混为一谈,更不能盲目照搬西方的三权分立制度和多党制。西方资本主义国家的三权分立制度归根结底是资产阶级的统治制度。西方资本主义国家实行的多党制,不可能为代表广大劳动群众利益的无产阶级政党提供通过平等竞争掌握政权的条件和机会。三权分立制度和多党制,与社会主义中国的国家性质和经济基础格格不入,在中国是完全行不通的。鼓吹在中国实行三权分立制度和多党制的实质,是企图取消中国共产党的领导地位和执政地位,把社会主义的中国演变为资本主义的中国。

毛泽东与黄炎培论"历史周期率"

1945年7月1日,抗战胜利前夜,民盟、民建的主要发起人黄炎培与其他5位国民参政员为推动国共两党团结,从速恢复和谈,应中共中央和毛泽东的邀请,由重庆飞赴延安访问。他们在延安的5天当中,参观访问了许多地方。毛泽东还与黄炎培作了两个半天、十几个小时的交谈。尤其是关于历史兴亡周期率的谈话,更被后人称为毛泽东和黄炎培的延安"窑洞对"。

7月4日下午,毛泽东在百忙中专程邀请黄炎培一行到他家里做客。毛泽东问黄炎培,来延安考察了几天有什么感想。黄炎培对毛泽东不无感慨地说:"我生六十多年,耳闻的不说,所亲眼看到的,真所谓'其兴也勃焉''其亡也忽焉',一人,一家,一团体,一地方,乃至一国,不少单位都没有能跳出这周期率的支配力。大凡初时聚精会神,没有一事不用心,没有一人不卖力,也许那时艰难困苦,只有从万死中觅取一生。既而环境渐渐好转了,精神也就渐渐放下了……一部历史,'政怠宦成'的也有,'人亡政息'的也有,'求荣取辱'的也有。总之没有能跳出这周期率……中共诸君从过去到现在,我略略了解了的,就是希望找出一条新路,来跳出这个周期率的支配。"

对此,毛泽东答道:"我们已经找到了新路,我们能跳出这周期率。这条新路,就是民主。只有让人民起来监督政府,政府才不敢松懈;只有人人起来负责,才不会人亡政息。"

黄炎培高兴地说:"这话是对的,只有把大政方针决之于公众,个人功业欲才不会发生;只有把每个地方的事,公之于每个地方的人,才能使得地地得人、人人得事。用民主来打破这周期率,怕是有效的。"

离开延安后,黄炎培对这次的访问感慨很多,发表了《延安归来》一文,向世人公诸这段对话。事实上,通过在延安的参观考察,黄炎培一行看到了希望,对共产党及其领袖更了解、更信任。他对中国的未来心怀憧憬、充满期待,相信中国的明天一定会更美好。

(资料来源:《黄炎培》,北京:群言出版社,2012年。)

【点评】 "只有让人民起来监督政府,政府才不敢松懈;只有人人起来负责,才不会人亡政息"。我们党执政六十多年的经验告诉我们,这个结论是完全站得住脚的,是经得起历史检验的。

民主选举和表决的发展历程

"金豆豆,银豆豆,豆豆不能随便投;选好人,办好事,投在好人碗里头。"这句20世纪40年代流传于延安地区的民谣,生动地再现了陕甘宁边区在艰苦环境下运用"豆选法"进行选举的场景。

因为当时绝大多数农民不识字,这种选举方式简单易行,既可以减少选举成本,也可以避免候选人对选民意志的影响甚至操纵,能更充分体现民意。豆选连同烙票、画杠等淳朴的投票方式,演绎着生动的草根民主,为日后人大表决所借鉴。土地改革后农民选举人民代表,也多用"豆选法"。后来,举手逐渐成为主要的选举和表决方式。新中国成立之后,法律规定全国人大会议选举、通过议案和基层直接选举,采用举手、无记名投票方式;间接选举人大代表和县以上地方各级人民代表大会选举国家机关人员必须以无记名投票的方式表决。进行其他表决时,举手逐渐成为主流方式。但是,1958年后,除了选举和任免,鼓掌又成了主要表决方式。有人说,鼓掌通过其实不够民主,在众目睽睽的压力下,几乎没有人会公然违背主席台上的意图举手反对某议案或某人选,表决结果"失真",很容易产生"一致通过"的假象。直到1979年,才恢复了举手和无记名投票。

到了1990年，人民大会堂大礼堂的每张桌面上，新安装上了一个巴掌大小的无记名电子表决器。七届全国人大三次会议第一次使用电子表决器，赞成对应绿色；反对对应红色；弃权则为黄色。使用电子表决器，从表决开始到表决结果揭晓，仅需短短几秒钟，表决结果通过会场前方的两个大电子屏显示出来。计算机系统只会对赞成、反对、弃权和未按表决器这四种结果进行数字叠加，不会留下代表的表决记录。相较于传统的举手、鼓掌等方式，电子表决投票更加客观、真实。

全国人大及其常委会会议电子表决的模式，很快在32个省级人大常委会，少数市、县级人大常委会推开，个别地方人大会议也开始使用电子表决。2001年2月14日，沈阳市中级人民法院工作报告遭到否决。这被认为是"中国民主政治的标志性事件"。

（资料来源：《解放军日报》，2014年3月7日。）

【点评】民主是一个不断发展的历程。由"豆选"到"举手表决"再到"按键表决"，是一个进步。随着社会的发展，"一致通过"的形式越来越遭到质疑，"反对"也是一种民主精神，而"按键表决"无疑更有利于发扬民主。

中国村民自治第一村

广西宜州市屏南乡合寨村本来是一个普通的壮族山村，但在20世纪80年代，却因为诞生了中国第一个村民委员会而声名远扬。

1980年，中国农村的改革大潮风起云涌，合寨村也实行了土地联产承包责任制。通过"分田到户"，极大地调动了村民的生产积极性，一举解决了长期困扰村民的温饱问题。但与此同时，改革中出现的一些"副产品"或"伴生品"也不免令人担忧：生产队成了"空架子"，凝聚力和约束力明显减弱，村干部的威信大不如前，整个村子近乎陷入"管理真空"状态。村民争水争地、农户耕牛被盗、集体林木被偷砍等现象时有发生，赌博现象更是日益猖獗。由于盗窃事件频发，各种纷争不断，村民们常用这样一句话来形容当时的生活："吃得饱，睡不安！"

"吃得饱"是好事，"睡不安"却是大烦恼。对于村里的混乱局面，合寨村果作屯生产队队长韦焕能看不下去了。他主动把本屯6名生产小队的干部召集起来,大家经过一番合计,觉得最佳方案还是要靠民主选举,由每户出一名代表,共同组成村委会,再由代表选举出村委会带头人。

1980年1月25日上午9点,在村头那棵大樟树下,韦焕能手持铁锤,敲响了吊在老樟树上的半截铁轨。85名代表先后来到会场。会议由合寨生产大队大队长蒙光捷主持,他宣布这次选举不指定候选人,每名代表以无记名投票方式选出主任一名、副主任两名、出纳员一名、会计员一名。经过无记名投票,韦焕能以全票当选为主任。到1980年底,合寨大队12个自然屯全部选举产生了村民自治组织,并命名为"村民委员会"。

村民委员会成立后,对于需要集体共同解决的问题,都会通过民主协商的方式加以讨论,商议解决办法。村委会成立后领导大家做的第一件大事,就是制订"村民公约"和"封山公约"。这些"村民公约""封山公约"虽然内容不多,表述也不尽规范,但因为是村民自己制订的,体现了民意,因此得到了绝大多数村民的自觉维护,效果可谓立竿见影。村里的不文明现象很快大为减少,村民的生活也开始步入正轨。

"村民公约"的成效使合寨村的村民进一步认识到民主权利的重要,因此也非常珍视自己民主权利的发挥。大家对待每一次讨论、每一次投票都格外上心,"自治自理"已成为合寨村的传统。如今,合寨村的那棵老樟树依然枝繁叶茂。它默默地见证了合寨村村民"敢为天下先"的大胆尝试,也见证了三十多年风雨历程中合寨村村民自治意识在这片土地上深深扎下了根。

(资料来源:《瞭望》,2008年第40期。)

【点评】合寨村的村民自治试验表明中国民主形式的不断发展和完善。中国农民用自己朴素的智慧和坚毅的勇气,为中国农村的改革和发展,探索出一条基层村民自治的民主之路。

在庆祝全国人民代表大会成立60周年大会上的讲话(节选)

习近平

评价一个国家政治制度是不是民主的、有效的,主要看国家领导层能否依法有序更替,全体人民能否依法管理国家事务和社会事务、管理经济和文化事业,人民群众能否畅通表达利益要求,社会各方面能否有效参与国家政治生活,国家决策能否实现科学化、民主化,各方面人才能否通过公平竞争进入国家领导和管理体系,执政党能否依照宪法法律规定实现对国家事务的领导,权力运用能否得到有效制约和监督。

经过长期努力,我们在解决这些重点问题上都取得了决定性进展。我们废除了实际上存在的领导干部职务终身制,普遍实行领导干部任期制度,实现了国家机关和领导层的有序更替。我们不断扩大人民有序政治参与,人民实现了内容广泛、层次丰富的当家作主。我们坚持发展最广泛的爱国统一战线,发展独具特色的社会主义协商民主,有效凝聚了各党派、各团体、各民族、各阶层、各界人士的智慧和力量。我们努力建设了解民情、反映民意、集中民智、珍惜民力的决策机制,增强决策透明度和公众参与度,保证了决策符合人民利益和愿望。我们积极发展广纳群贤、充满活力的选人用人机制,广泛把各方面优秀人才集聚到党和国家各项事业中来。我们坚持依法治国、依法执政、依法行政共同推进,坚持法治国家、法治政府、法治社会一体建设,全社会法治水平不断提高。我们建立健全多层次监督体系,完善各类公开办事制度,保证党和国家领导机关和人员按照法定权限和程序行使权力。

中国实行工人阶级领导的、以工农联盟为基础的人民民主专政的国体,实行人民代表大会制度的政体,实行中国共产党领导的多党合作和政治协商制度,实行民族区域自治制度,实行基层群众自治制度,具有鲜明的中国特色。这样一套制度安排,能够有效保证人民享有更加广泛、更加充实的权利和自由,保证人民广泛参加国家治理和社会治理;能够有效调节国家政治关系,发展充满活力的政党关系、民族关系、宗教关系、阶层关系、海内外同胞关系,增强民族凝聚力,形成安定团结的政治局面;能够集中力量办大事,有效促进社会生产力解放和发展,促进现代化建设各项事业,促进人民生活质量和水平不断提高;能够有效维护国家独立自主,有力维护国家主权、安全、发展利益,维护中国人民和中华民族的福祉。

改革开放30多年来,中国经济实力、综合国力、人民生活水平不断跨上新台阶,我们不断战胜前进道路上各种世所罕见的艰难险阻,中国各民族长期共同团结奋斗、共同繁荣发展,中国社会长期保持和谐稳定。这些事实充分证明,中国社会主义民主政治具有强大生命力,中国特色社会主义政治发展道路是符合中国国情、保证人民当家作主的正确道路。

一个国家的政治制度决定于这个国家的经济社会基础,同时又反作用于这个国家的经济社会基础,乃至于起到决定性作用。在一个国家的各种制度中,政治制度处于关键环节。所以,坚定中国特色社会主义制度自信,首先要坚定对中国特色社会主义政治制度的自信,增强走中国特色社会主义政治发展道路的信心和决心。

中国特色社会主义民主是个新事物,也是个好事物。当然,这并不是说,中国政治制度就完美无缺了,就不需要完善和发展了。制度自信不是自视清高、自我满足,更不是裹足不前、故步自封,而是要把坚定制度自信和不断改革创新统一起来,在坚持根本政治制度、基本政治制度的基础上,不断推进制度体系完善和发展。我们一直认为,我们的民主法治建设同扩大人民民主和经济社会发展的要求还不完全适应,社会主义民主政治的体制、机制、程序、规范以及具体运行上还存在不完善的地方,在保障人民民主权利、发挥人民创造精神方面也还存在一些不足,必须继续加以完善。在全面深化改革进程中,我们要积极稳妥推进政治体制改革,以保证人民当家作主为根本,以增强党和国家活力、调动人民积极性为目标,不断建设社会主义政治文明。

发展社会主义民主政治,是推进国家治理体系和治理能力现代化的题中应有之义。党的十八届三中全会提出的全面深化改革总目标,是两句话组成的一个整体,即完善和发展中国特色社会主义制度、推进国家治理体系和治理能力现代化。前一句规定了根本方向,我们的方向就是中国特色社会主义道路,而不是其他什么道路。后一句规定了在根本方向指引下完善和发展中国特色社会主义制度的鲜明指向。两句话都讲,才是完整的。

发展社会主义民主政治,关键是要增加和扩大我们的优势和特点,而不是要削弱和缩小我们的优势和特点。我们要坚持发挥党总揽全局、协调各方的领导核心作用,提高党科学执政、民主执政、依法执政水平,保证党领导人民有效治理国家,切实防止出现群龙无首、一盘散沙的现象。我们要坚持国家一切权力属于人民,既保证人民依法实行民主选举,也保证人民依法实行民主决策、民主管理、民主监督,切实防止出现选举时漫天许诺、选举后无人过问的现象。我们要坚持和完善中国共产党领导的多党合作和政治协商制度,加强社会各种力量的合作协调,切实防止出现党争纷沓、相互倾轧的现象。我们要坚持和完善民族区域自治制度,巩固平等团结互助和谐的社会主义民族关系,促进各民族和睦相处、和衷共济、和谐发展,切实防止出现民族隔阂、民族冲突的现象。我们要坚持和完善基层群众自治制度,发展基层民主,保障人民依法直接行使民主权利,切实防止出现人民形式上有权、实际上无权的现象。我们要坚持和完善民主集中制的制度和原则,促使各类国家机关提高能力和效率、增进协调和配合,形成治国理政的强大合力,切实防止出现相互掣肘、内耗严重的现象。

总之,我们要不断推进社会主义民主政治制度化、规范化、程序化,更好发挥中国特色社会主义政治制度的优越性,为党和国家兴旺发达、长治久安提供更加完善的制度保障。

(资料来源:《人民日报》,2014年9月6日。)

小贴士

> 在民主的国家里,法律就是国王;在专制的国家里,国王就是法律。
> ——[德]马克思
>
> 只要土地和生产资料的私有制继续存在,资产阶级和资产阶级民主中的"自由和平等"就只是一种形式。
> ——[俄]列宁

文明 社会主义的内在要求

引语

实现中国梦,是物质文明和精神文明均衡发展、相互促进的结果。没有文明的继承和发展,没有文化的弘扬和繁荣,就没有中国梦的实现。中华民族的先人们早就向往人们的物质生活充实无忧、道德境界充分升华的大同世界。中华文明历来把人的精神生活纳入人生和社会理想之中。所以,实现中国梦,是物质文明和精神文明比翼双飞的发展过程。随着中国经济社会不断发展,中华文明也必将顺应时代发展焕发出更加蓬勃的生命力。

——习近平

释义

一、文明的内涵

文明,是人类共同的期盼、不懈的追求。人类社会的历史,就是一部人类不断挣脱愚昧、野蛮的束缚,从不文明走向文明,从低级文明走向高级文明的发展史。凝聚全民族的力量,努力培育和践行社会主义文明观,是每一个中华儿女的共同期盼和历史使命。

"文明"的概念来源于拉丁文,最初指罗马的公民身份,含有比当时外国人或野蛮族的原始生活状态优越的意思。随着历史的发展,"文明"一词的含义经过多次演化,内容不断扩展,相关的定义更是五花八门。不过其中一个核心意思,就是用以表示国家和社会的开化程度、进步状况。唯物史观告诉我们,人是社会的存在,是历史的产物。因此,"文明"不仅是一种对社会进步和成就状况单纯客观的描述概念,而且是一个关涉社会主体的存在和发展状况的价值概念。"文明"作为人类一种永恒的价值追求,它所体现的是社会的进步和成就,而这种进步既要符合社会发展规律,也要符合社会主体的发展要求。说到底,文明的本质乃是对人类调整与外部世界的关系以及人自身关系能力的一种价值认定,是人类作为一个整体的生存和发展能力的价值标识。

随着社会历史的发展,各地的文明在不断进步,但是这种进步不是直线的,而是一个充满矛盾与斗争的过程。在这个过程中,文明与野蛮总是如影随形、相互冲突,因此,人类的文明史呈现出一个螺旋式上升的过程。在社会主义制度建立以前,人类文明发展是在以私有制为基础和阶级对抗的社会中运行的,先是奴隶制文明出现,随后被封建制文明所取代,然后资本主义文明出现。历史地看,后一个文明都是比前者更高一级的文明类型。每一种文明类型所获得的文明进步成果都是人类共有的精神财富,需要认真对待和重视。它们依次构成了人的解放、人类文明进步的必经历史阶段。但是我们也应该看到,这几种文明类型毕竟是在私有制和阶级对抗的社会中产生和发展起来的,恩格斯指出,只有消灭了私有制,消灭了剥削阶级,建立了社会主义制度,才使人们之间的"生存斗争停止了,于是人才在一定的意义上最终地脱离了动物界,从动物的生存条件进入真正人的生存条件"。只有从这时起,才"揭开了真正人的历史的序幕",开始了"人类从必然王国进入向自由王国的飞跃"。这就从根本上把人类文明的发展转移到一个全新的轨道上。

二、培育和践行社会主义文明观

社会主义文明是建立在公有制基础上的新型文明,因而具有前所未有的新特质。社会主义文明是一种全面的、完整的文明。社会主义以前的各种文明类型,无论有着怎样的进步意义,从根本上来说都主要为少数统治阶级所享有。由于历史条件的限制和统治阶级的私利,在发展某种文明构成

要素的过程中,总是自觉和不自觉地忽视、排斥,甚至以牺牲其他文明构成要素为代价。因此文明的发展始终摆脱不了残缺的、片面的性质,所谓西方世界正在经历的"价值颠覆"和"精神危机"就是其真实写照。社会主义文明强调文明是一个有机整体,党的十八大在科学总结社会主义建设和改革开放历史经验的基础上,提出的经济建设、政治建设、文化建设、社会建设和生态文明建设"五位一体"的中国特色社会主义建设格局,就是对社会主义文明整体性和全面性的科学把握,是对社会主义文明特质认识的新成果和新境界。这几个层次或系统,乃是对社会文明完整形态的把握,它们各自从自己特定的方向展现出人类整体生存和发展的能力。这几个层次或系统之间不是相互独立、互不相干的,而是处在一种相互生成、相互交织、相互制约、相互建构的有机系统之下。

社会主义文明以人的自由全面发展为最高价值目标。在社会主义文明产生前的文明发展诸形态中,创造社会文明的主体——广大劳动者阶级不仅不能充分享受文明的成果,反而如当代资本主义文明发展所展现的那样,人越来越被"工具化""功能化",人成了"单向度的人"。马克思主义从最初产生就明确宣称:任何人的职责、使命、任务就是全面地发展自己的一切能力。社会主义、共产主义作为一种价值体系,就是要建立一个"每个人的自由发展是一切人的自由发展的条件"的社会。因此,文明一直以来就是中国共产党始终不变的价值诉求。毛泽东在《新民主主义论》中指出:"我们不但要把一个政治上受压迫、经济上受剥削的中国,变为一个政治上自由和经济上繁荣的中国,而且要把一个被旧文化统治因而愚昧落后的中国,变为一个被新文化统治因而文明先进的中国。一句话,我们要建立一个新中国。建立中华民族的新文化,这就是我们在文化领域中的目的。"习近平在十九大报告中强调:"文化是一个国家、一个民族的灵魂。文化兴国运兴,文化强民族强。没有高度的文化自信,没有文化的繁荣兴盛,就没有中华民族伟大复兴。要坚持中国特色社会主义文化发展道路,激发全民族文化创新创造活力,建设社会主义文化强国。"当然,这是一个长期的历史发展过程,但是人的解放、人的自由全面发展始终是社会主义文明发展的主题,是衡量社会主义文明发展水平与程度的价值尺度。

社会主义文明观作为人类文明发展史上一种新型的文明观,作为贯穿于社会主义核心价值体系基本内容的一个重要方面,必然要求把社会主义核心价值观融入国民教育和精神文明建设全过程,融入中国特色社会主义经济建设、政治建设、文化建设、社会建设各领域,使之成为全体人民普遍理解、接受并自觉遵守奉行的核心价值理念,成为全党全国各族人民团结奋斗的共同思想基础。从现在做起,从我们工作和生活的点滴做起,只有这样,我们才能聚集起全民族的力量,为培育和践行社会主义文明观开辟现实而广阔的道路。

　　首先,必须坚持发展的要求,把全面推进中国特色社会主义建设各项事业的发展同培育和践行社会主义文明观有机结合起来。物质生产是一切历史发展的基本条件。为了发展社会生产力,必须积极稳妥地推进生产关系和上层建筑的改造,也就是说。在建设社会主义物质文明的同时,必须建设与其相适应的政治文明、精神文明、社会文明和生态文明,才能使社会主义充满生机与活力。这既是社会主义文明进程的内在要求,也是社会主义社会基本矛盾的内在逻辑。

　　其次,必须把传承和发扬中华民族优良传统同借鉴人类文明的积极成果有机结合起来。社会主义不是离开人类文明大道的一种褊狭愚顽的东西,而是人类文明发展的必然结果。社会主义文明能够继承和发展其他一切文明类型的积极成果,并使其不断发扬光大。对于中国人民来说,培育和践行社会主义文明观,一定要继承和弘扬中华民族的优良文化传统。中华民族历史悠久,创造了十分辉煌的古代文明,为人类文明的发展作出了重大贡献,培育和践行中国特色的社会主义文明观不能割断和传统文明的纽带,不能离开对优秀传统文化的继承和发展。同时,我们也要注重吸收其他文明的优秀成果,坚持把民族化、本土化和全球化辩证地结合起来。

　　正如十九大报告指出的,"中国特色社会主义文化,源自于中华民族五千多年文明历史所孕育的中华优秀传统文化,熔铸于党领导人民在革命、建设、改革中创造的革命文化和社会主义先进文化,植根于中国特色社会主义伟大实践。发展中国特色社会主义文化,就是以马克思主义为指导,坚守中华文化立场,立足当代中国现实,结合当今时代条件,发展面向现代化、面向世界、面向未来的,民族的科学的大众的社会主义文化,推动社会主义精神文明和物质文明协调发展。"

最后,充分发挥人民群众的创造精神。人民群众是历史的创造者,也是文明的创造者。培育和践行社会主义文明观,既是促进社会全面进步的需要,也是实现人的自由全面发展的需要。因此,我们必须坚持以人为本,尊重人民群众的主体地位,努力挖掘蕴藏在人民群众中的无穷智慧和力量。

南通的"莫文隋"精神

"你要问我是谁,请莫问我是谁,风雨中我是一把伞,干渴时我是一杯水……"十几年来,这首《莫问我是谁》成为南通市街头巷尾传唱不衰的流行歌曲,而"莫文隋"("莫问谁"的谐音)这个名字也成为南通家喻户晓、妇孺皆知的名字。

1995年3月的一天,南通工学院(现为南通大学)的女生石红英意外收到署名"莫文隋"的汇款单100元,汇款单附言"生活补助费"。此后每个月,她总会收到"莫文隋"的汇款,并收到"莫文隋"的勉励:"要好好学习,成为一个对国家有用的人。"石红英一开始感到非常困惑,因为她的亲友中并没有名叫"莫文隋"的。经过一番思索之后,石红英认定"莫文隋"一定是一位得知她遇到困难而帮助她的好心人。但是,当她按照汇款地址寻找好心人时,却发现地址并不存在。

南通工学院的沙老师给当地电台写了一封信,表达了寻找"莫文隋"的愿望。收到这封信后,南通市电台记者们为了找到"莫文隋",真是颇费了一番周折。最终才基本确定了"莫文隋"的真实身份——时任南通工学院副院长的汤淳渊。

"莫文隋"告诉记者,他是出于自愿帮助困难学生,无意被媒体报道,更不想被受资助的学生知道。记者当场表示,他们来访的目的不是来宣传"莫文隋"本人,而是希望宣传扶危济困不留名的"莫文隋"精神。"莫文隋"本人表示理解,但要求记者以职业道德承诺不公开他的身份,他才愿意承认自己就是"莫文隋"。记者表示同意,并提出想在报道中作这样的表述:"莫文隋"是一位国家干部,一个普通的共产党员,他资助特困学生的钱是从他工资中挤出来的。对此,"莫文隋"也表示认可。

"莫文隋"的事迹经媒体报道后,主角汤淳渊却一直不肯露面。直到2008年,汤淳渊被选为奥运火炬手,才"被迫"第一次公开身份。但此后,"莫文隋"仍旧选择了"隐身"生活。2009年,"莫文隋"当选为"南通市十大杰出典型"。在2月3日举行的颁奖典礼上,当南通市长丁大卫宣读完"十大杰出典型"名单并请获奖人上台领奖时,台下上千名观众发现,站到台上领奖的只有9个人。缺席的"莫文隋"再次拒绝露面来领取这个在当地至高无上的荣誉。

在"莫文隋"精神的感召下,默默奉献的"莫文隋"精神已成为南通人格外珍视的宝贵财富。一个个"凡人善举"不断涌现,已成为南通这座"全国文明城市"最温暖的亮丽风景。

(资料来源:《中国梦里的中国故事》,北京:解放军出版社,2015年。)

【点评】"莫文隋"现象的出现体现了社会文明,这种精神更是一个城市、一个国家宝贵的精神财富。

公交车上的亮丽风景线

1981年,她以12分之差没能迈进大学的校门而踏上了公共汽车售票员的岗位。渐渐地,她爱上了这门工作,特别是当她热情为乘客们服务,得到乘客赞扬时,她充分感受到普通岗位的自豪。

"礼貌待客要热心,照顾乘客要细心,帮助乘客要诚心,热情服务要恒心"。这是李素丽为自己定的服务原则。李素丽要求自己在工作中"多说一句,多看一眼,多帮一把,多走一步;话到、眼到、手到、腿到、情到、神到"。正是这"四多、六到和四心",使李素丽获得了"老人的拐杖""盲人的眼睛""外地人的向导""病人的护士""群众的贴心人"的美誉。

公共汽车上的乘客流动性很大,各种各样的人都有。特别是在早晚上下班高峰期间,车里嘈杂拥挤,乘车环境不是很好,很容易出现矛盾,甚至会发生口角。面对种种情形,李素丽往往几句话就可以将矛盾化解。这反映了她高超的服务水平。

一次,李素丽查验下车乘客的车票,一个小伙子掏完衣兜掏裤兜,还是无法拿出车票。李素丽看出小伙子没买票,说:"您可能一时着急找不到票了,要不您今天再买一张?下车后您要是找到了,下次坐我的车就不用买票了。"

小伙子不好意思拿出两元钱说:"大姐,刚才我没买票,您说怎么罚就怎么罚吧!"

"按我们的规定,下车逃票才罚款,您及时补票就行了。下次上车要主动买票,这样就不耽误您的时间了。"

事后,李素丽说:"人人都有自尊心,售票员不能得理不饶人。让乘客下台阶,我的服务就上了台阶。"

对待一些不讲理的乘客,李素丽也是以礼待人,以情感人。有个小伙子上了车就往干干净净的地板上吐了一口痰。李素丽轻声提醒他不要随地吐痰,不想气呼呼的小伙子又吐了一口。这时,李素丽没有再说话,走过去,掏出纸把地板上的痰迹擦干净。在全车人的注视下,小伙子脸红了,下车时连连道歉:"刚才是我不对,请大姐原谅。"

李素丽说:"每一条公共汽车的线路都有终点站,但为人民服务没有终点站。我永远属于我的乘客,属于我的岗位。"

(资料来源:《党建》,1997年第5期。)

【点评】李素丽在平凡的岗位上,心系乘客,心系岗位,无私奉献,成为北京公交车上一道亮丽的风景线。

为民排忧解困的吴天祥

1990年11月,46岁的吴天祥走上了新的工作岗位——武汉市武昌区信访办副主任。在信访岗位上,他执着地为民排忧解困,用自己无私的奉献化解了大量矛盾。

有一天,一位来访人闯进了吴天祥的办公室,不由分说地就向吴天祥要钱,还对他进行人身威胁。面对这位不速之客,吴天祥没有恼怒,反而微笑着请他坐下,心平气和地对他说:"你有什么困难,告诉我,只要是政策允许范围之内的,我一定尽力帮你解决。"

原来,这位来访人是武昌区的一个居民。由于在旧城改造中补偿没有到位,全家陷入了困境,甚至连小孩开学的费用都交不起,心里累积了许多怨气。吴天祥听他介绍完情况之后,立即答应他会把他的情况反映到相关部门,给他一个公平合理的解决办法;同时,对他的上访做法进行了教育。考虑到他家确实困难,吴天祥又自掏腰包,给了他300元钱。来访人对吴天祥感激不已,并为自己的粗鲁言行向吴天祥道歉。

事后有人问吴天祥:"他那样骂你,你怎么还这么关心他?"吴天祥说:"我们做信访工作的,不是激化矛盾,而是要解决矛盾,实现社会的和谐。因此,我们不能单凭群众对自己的态度办事,他骂人是不对的,但他家确有困难应当关心。"

面对无理大骂的群众,吴天祥能够微笑置之,但对迟到的地方职能干部,吴天祥却发过火。

那是一个夏夜,吴天祥劳累了一天,刚刚入睡,电话铃声就响了起来。来电人告诉他,自己所住小区附近工地深夜施工,影响休息,多次向有关部门反映情况却得不到解决。吴天祥连忙穿上衣服,赶到现场,并打电话请街道和职能部门的同志一起到现场做工作,要求施工单位停止深夜施工。可老吴赶到现场后,职能部门的人却迟迟看不到踪影。望着群众失望的眼神,吴天祥对迟到的有关人员发脾气了:"如果你也住这里,晚上也被吵得睡不着觉,你还会这么慢吞吞的吗?"

吴天祥的这次发火,让被骂者至今难忘:"天祥同志骂得好啊,他骂醒了我,让我懂得了群众的事再小也是大事,共产党人得急群众之所急!"

(资料来源:《政策》,1996年第7期。)

【点评】吴天祥的事迹告诉我们,面对来访者,重要的是引导他们以理性、合法的形式表达自己的利益诉求,依法解决矛盾和纠纷,切实维护群众的合法权益,促进社会的和谐稳定。

在纪念孔子诞辰2565周年国际学术研讨会上的讲话(节选)

习近平

人类已经有了几千年的文明史,任何一个国家、一个民族都是在承先启后、继往开来中走到今天的,世界是在人类各种文明交流交融中成为今天这个样子的。推进人类各种文明交流交融、互学互鉴,是让世界变得更加美丽、各国人民生活得更加美好的必由之路。

正确对待不同国家和民族的文明,正确对待传统文化和现实文化,是我们必须把握好的一个重大课题。我认为,应该注重坚持以下原则。

第一,维护世界文明多样性。"物之不齐,物之情也"。和而不同是一切事物发生发展的规律。世界万物万事总是千差万别、异彩纷呈的,如果万物万事都清一色了,事物的发展、世界的进步也就停止了。每一个国家和民族的文明都扎根于本国本民族的土壤之中,都有自己的本色、长处、优点。我们应该维护各国各民族文明多样性,加强相互交流、相互学习、相互借鉴,而不应该相互隔膜、相互排斥、相互取代,这样世界文明之园才能万紫千红、生机盎然。

丰富多彩的人类文明都有自己存在的价值。要理性处理本国文明与其他文明的差异,认识到每一个国家和民族的文明都是独特的,坚持求同存异、取长补短、不攻击、不贬损其他文明。不要看到别人的文明与自己的文明有不同,就感到不顺眼,就要千方百计去改造、去同化,甚至企图以自己的文明取而代之。历史反复证明,任何想用强制手段来解决文明差异的做法都不会成功,反而会给世界文明带来灾难。

第二,尊重各国各民族文明。文明特别是思想文化是一个国家、一个民族的灵魂。无论哪一个国家、哪一个民族,如果不珍惜自己的思想文化,丢掉了思想文化这个灵魂,这个国家、这个民族是立不起来的。本国本民族要珍惜和维护自己的思想文化,也要承认和尊重别国别民族的思想文化。不同国家、民族的思想文化各有千秋,只有姹紫嫣红之别,而无高低优劣之分。每个国家、每个民族不分强弱、不分大小,其思想文化都应该得到承认和尊重。

强调承认和尊重本国本民族的文明成果,不是要搞自我封闭,更不是要搞唯我独尊、"只此一家,别无分店"。各国各民族都应该虚心学习、积极借鉴别国别民族思想文化的长处和精华,这是增强本国本民族思想文化自尊、自信、自立的重要条件。

第三,正确进行文明学习借鉴。文明因交流而多彩,文明因互鉴而丰富。任何一种文明,不管它产生于哪个国家、哪个民族的社会土壤之中,都是流动的、开放的。这是文明传播和发展的一条重要规律。在长期演化过程中,中华文明从与其他文明的交流中获得了丰富营养,也为人类文明进步作出了重要贡献。丝绸之路的开辟,遣隋遣唐使大批来华,法显、玄奘西行取经,郑和七下远洋,等等,都是中外文明交流互鉴的生动事例。儒学本是中国的学问,但也早已走向世界,成为人类文明的一部分。

"独学而无友,则孤陋而寡闻"。对人类社会创造的各种文明,无论是古代的中华文明、希腊文明、罗马文明、埃及文明、两河文明、印度文明等,还是现在的亚洲文明、非洲文明、欧洲文明、美洲文明、大洋洲文明等,我们都应该采取学习借鉴的态度,都应该积极吸纳其中的有益成分,使人类创造的一切文明中的优秀文化基因与当代文化相适应、与现代社会相协调,把跨越时空、超越国度、富有永恒魅力、具有当代价值的优秀文化精神弘扬起来。进行文明相互学习借鉴,要坚持从本国本民族实际出发,坚持取长补短、择善而从,讲求兼收并蓄,但兼收并蓄不是囫囵吞枣、莫衷一是,而是要去粗取精、去伪存真。

第四,科学对待文化传统。不忘历史才能开辟未来,善于继承才能善于创新。优秀传统文化是一个国家、一个民族传承和发展的根本,如果丢掉了,就割断了精神命脉。我们要善于把弘扬优秀传统文化和发展现实文化有机统一起来,紧密结合起来,在继承中发展,在发展中继承。

传统文化在其形成和发展过程中,不可避免会受到当时人们的认识水平、时代条件、社会制度的局限性的制约和影响,因而也不可避免会存在陈旧过时或已成为糟粕性的东西。这就要求人们在学习、研究、应用传统文化时坚持古为今用、推陈出新,结合新的实践和时代要求进行正确取舍,而不能一股脑儿都拿到今天来照套照用。要坚持古为今用、以古鉴今,坚持有鉴别的对待、有扬弃的继承,而不能搞厚古薄今、以古非今,努力实现传统文化的创造性转化、创新性发展,使之与现实文化相融相通,共同服务以文化人的时代任务。

(资料来源:新华网,2014 年 9 月 24 日。)

小贴士

> 文明就是要造就有修养的人。
>
> ——[英]罗斯金
>
> 文明的最重要任务之一,是使人在他纯粹的物质生活中也受形式的支配,使人在美的王国能够达到的范围内成为审美的人。
>
> ——席勒

和谐 社会主义的本质属性

实现社会和谐,建设美好社会,始终是人类孜孜以求的一个社会理想,也是包括中国共产党在内的马克思主义政党不懈追求的一个社会理想。

——胡锦涛

一、和谐的内涵

中国古代哲人的宇宙观认为:"和"是万物产生的本源和基础,万物发育产生后,"和"作为万物的根本存在于万物之中。人,作为万物中最有灵性的生命体,儒、释、道传统无不主张人的身心和谐,这是中国人所致力追求的至高无上的境界。"和"包含宽容、和谐乃至妥协,但"和"绝不是无原则的迁就,更不是庸俗的滑头主义。

党的十八大报告将"和谐"作为当今中国的核心价值观提出来,其实是继承、吸收了中华民族传统文化中的"中和""仁爱""民本"等和谐思想的精华,反映了面对复杂多变的世界当今中国在文化上的自觉和自信。同时,这也说明我国传统文化中"和谐"理念的精华部分,完全可以为今天实现中华民族的伟大复兴,中国人民的富裕、安定、幸福,发挥积极作用。

二、构建社会主义和谐社会

对广大人民群众而言,和谐主要体现在人与人的和谐、人与社会的和谐、人与自然的和谐三个方面。当前,我国正处于社会主义现代化建设的关键时期,各项现代化建设稳步推进,我们更应该用和谐的理念来推动社会主义建设,促进我国全方位的可持续发展。

首先是人与人的和谐。人作为一个社会最基本的组成部分,是促进整个国家和社会和谐的根基,没有人与人之间的和谐,就不可能有人与社会的和谐、人与自然的和谐,从而我们就无法构建一个和谐稳定的社会。人与人的和谐包含很多方面,诸如家人之间的和谐、同学之间的和谐、同事之间的和谐等,基本包含人际关系的方方面面。那么我们如何才能做到人与人的和谐呢?第一,加强公民思想道德素质和科学文化素质建设。提高全民族的思想道德素质和科学文化素质不仅是促进人与人和谐的重要方法,也是中国特色社会主义现代化事业的重要组成部分。它不仅可以提高公民学习知识的能力,还能进一步增强他们的社会公德和正义感,使他们在复杂多变的社会形势下养成良好的生活习惯和行为准则,促进人与人的和谐。第二,加强诚信道德建设。诚信问题,既是一个道德问题,也是一个法律问题。诚信不仅关乎人与人之间的人际交往,从更长远的方向看,它还关乎整个民族的生死存亡。中国几千年来的传统文化,都把诚信放在一个极其重要的位置,拾金不昧、一诺千金、君子一言驷马难追,无一不反映了诚信在中国人心目中的重要地位。但是,由于失信不受法律的制裁,一些人为了追求自己的利益,把诚信这个最基本的做人原则抛之脑后,造成了许多极其恶劣的后果,也使人与人之间的和谐增加了很多不稳定因素。因此,全社会在大力倡导诚信的同时,也应该积极思考通过什么样的方式,才能进一步加强社会的诚信建设,使文明诚信这个优良传统在现代社会继续发扬光大。

其次是人与社会的和谐。一方面,人是社会的重要组成部分,人离不开社会,社会也离不开人。另一方面,社会是人的社会,是由人组成的社会,社会本身就是人们交互作用的产物,社会在人们的相互作用中维持和发展。

一个没有人的劳动、工作和交往的社会只能是动物的群居社会,不属于真正人的社会。

当今中国,社会主义现代化建设取得了巨大成就,社会化程度和人民的生活水平不断提高,人与人、人与社会的交流和交往不断增强。但是,在现实生活中,人与社会仍会发生很多矛盾,主要有两方面原因。其一是强调个人利益,忽视群体利益。既然是生活在这个社会中的个体,我们在做任何事情之前就不仅要考虑个人利益,还要考虑大家的共同利益,不管是公民个人还是社会团体或是企业,都应该把大家的共同利益放在首位,切实维护人与社会的和谐。如果过分强调个人利益,忽视群体利益,就会导致人与社会的冲突。其二是过分强调群体利益,忽视个人利益。人生活在社会中,只有很好地融入社会,体验社会,才能保障人的生存和发展。但是如果过分强调群体生活、共同利益,往往就会忽略个人对于社会的贡献和需求,使社会陷入混乱状态中。只有把个体的力量融入群体的力量里,才能使个人和群体的利益得到最大限度的保障,同时发挥集体和个人的作用,把个人利益和集体利益结合在一起,促进人与社会的和谐。

人与社会的和谐,不仅能同时满足个体和群体的利益,还对促进国家发展、推进社会建设有着极大的促进作用。

第一,促进经济发展。社会主义市场经济体制的建立,使得个人与社会脱离政治共同体成为各自发展的主体,从而为个人与社会的和谐发展奠定经济基础。经济的快速发展不仅要靠国家和社会团体的贡献,还要依靠个人的力量来为经济的发展添砖加瓦。当前,以公有制为主体、多种所有制经济共同发展的基本经济制度在我国已发展得非常成熟。为拓宽经济发展渠道,我国目前大力鼓励非公有制经济发展,鼓励大学生自主创业,鼓励新兴产业的发展,这些举措都是大力鼓励个人在经济建设中发挥更大作用,不断开拓和发挥个人的创造力、想象力,与公有制经济一道,为促进整个国家的经济发展作出更大贡献。

第二,维护国家稳定。公民个人与社会的和谐对维护国家的繁荣与稳定究竟有什么贡献呢?首先,我国是一个多民族国家,56个民族共同生活在这个国家中,每一个民族都有义务和责任来维护国家的繁荣与稳定,每一个民族都是这个国家的组成部分。只有当每个民族都能够和谐地与其他民族共同生活、相互理解,才能维护我们整个国家的安定与团结。为此,自新中国成立以来,党和政府高度重视民族团结和民族问题,多次出台各类政策、措施,共同促进民族团结和睦。特别是实行民族区域自治制度以来,以更加明确的方式确定了我国解决民族问题的发展方向,对捍卫国家领土完整、凝聚中华民族的力量,起到至关重要的作用。与此同时,国家积极号召全党和全国各族人民共同为民族地区的发展贡献自己的力量,并且出台了各类优惠政策,如减免学费、经济补偿、技术支持、创业指导等,切实加大了对少数民族同胞的帮扶力度。此外,还尊重少数民族的传统文化和风俗习惯,鼓励、支持少数民族地区优秀传统文化的发扬和传承,让各少数民族切实感受到党和政府对他们的关心、关怀,切实为民族的团结、国家的繁荣与稳定贡献力量。

最后是人与自然的和谐。党的十八大报告正式把"生态文明建设"纳入中国特色社会主义事业"五位一体"总布局中,也把人与自然的和谐提到前所未有的高度。党的十八大报告里,正式把生态文明建设纳入中国特色社会主义事业"五位一体"总布局中,也把人与自然的和谐提到了前所未有的高度。十九大报告里提出人与自然是生命共同体。明确指出我们要建设的现代化是人与自然和谐共生的现代化,既要创造更多物质财富和精神财富以满足人民日益增长的美好生活需要,也要提供更多优质生态产品以满足人民日益增长的优美生态环境需要。改革开放以来,我国社会主义现代化建设取得了巨大成就,人民生活水平不断提高,综合国力稳步提升,物质生活和精神文化生活都得到极大丰富。但无限制的资源掠夺式开采仍为我国带来了严重的环境问题。土地荒漠化及土壤污染、水资源污染、大气污染等都严重阻碍了我国经济的进一步发展,也严重影响了人民群众的生命和财产安全。作为世界上最大的发展中国家,中国的生态环境也会对世界的生态环境产生巨大影响。为此,我们应该深刻认识到生态文明建设的重要性,不断加强生态文明建设,促进人与自然的和谐。

第一,树立尊重自然、保护自然的理念。人类生活在大自然中,享受着大自然给予我们的各种恩赐,人类文明的进步,一刻也离不开大自然的保驾护航,人类社会与大自然紧密相连,密不可分。因此,不管是过去、现在还是未来,我们都应该树立保护自然环境的理念,加强对青少年的教育与引导,从我们自身做起,切实做到保护生态环境,使全社会形成保护生态环境的良好氛围,造福子孙后代。

第二,提升环保意识,发展循环经济。任何资源都是有限的,如果我们过度使用和开发,必然会使很多资源枯竭,从而阻碍人类社会的进步。因此,全社会都应该积极倡导节约资源、合理利用资源的理念,不使用一次性用具,垃圾分类处理,对可回收物品进行二次加工利用,让全社会形成节约资源、循环利用的良好风尚。与此同时,政府也应该积极转变经济发展方式,优化产业结构调整,大力发展第三产业和高新科技产业,并且加大力度淘汰落后产能,使经济增长方式由粗放型向资源节约型、环境友好型转变,提高资源的使用率,使我国的经济呈现出绿色增长的良好态势。

第三,实施严格的环保政策,建立系统完整的生态文明制度体系。我们不仅要从个人道德层面来加强对环保理念的宣传,还应从政策和制度等宏观方面来加强对环境和生态问题的治理,用制度保护生态环境。要让那些破坏生态环境的团体、个人受到法律和制度的制裁,从源头上制止破坏生态行为的发生。当然,对于那些影响较小、破坏相对较轻的行为,我们应该以教育和劝导为主,使保护生态环境的工作更加持久和有效地进行下去。

周恩来总理出席万隆会议

1955年4月18日上午,亚非会议在独立大厦隆重开幕。与会的29个国家代表共340人,他们肤色不同,种族不同,语言、文化不同,生活习惯也不同。在人们的记忆里,还不曾有过聚集这么多已经独立的种族、民族、肤色、语言和文化等各不相同的国家代表参加的国际会议。刚刚做完急性阑尾炎手术的周恩来总理,在未完全康复的情况下,就率领中国代表团一行来到万隆。

4月18日9时15分,随着会议主席沙斯特洛阿米佐约的举槌一击,亚非会议正式开幕。与会的绝大多数代表在发言中谴责了殖民主义、种族主义,表示了希望促进亚非团结合作的愿望。但是,在一些西方国家的授意下,"杂音"出现了,会议有陷入歧途的危险。如会上有人疯狂地攻击共产主义为"新殖民主义",有人指责中国利用华侨对邻国搞"颠覆"活动等。

这时,人们不约而同地把目光聚焦到中华人民共和国总理周恩来身上,以为他会拍案而起,予以反击。这样的话,大会极有可能会争论不休,弄不好还会不欢而散。但是,周恩来一直耐心地倾听各种不同的意见,不时在纸上记录些什么。

下午,会议主席宣布:"现在请中华人民共和国的代表发言。"在热烈的掌声中,周总理健步走上讲坛。这时候会场座无虚席,不少人只能站着听。在记者席上的各国记者尤其紧张,他们都在期待着爆炸性的新闻事件发生。但是万万没有想到,周恩来的第一句话竟然是:"中国代表团是来求同而不是来立异的,我们的会议应该求同而存异,从解除殖民主义痛苦和灾难中找到共同基础。这样,我们就容易互相了解和尊重、互相同情和支持,而不是互相猜疑和恐惧、互相排斥和对立……"

周总理的整个发言仅仅用了短短的18分钟,发言结束后,会场再次响起了热烈的掌声和欢呼声。周总理代表中国政府阐述的我国处理国际关系的和平共处五项原则,获得了与会代表的热烈欢迎,也受到国际社会的普遍赞誉。可以说,是周恩来的发言引导会议绕过暗礁,回到了正确的轨道。

后来,以"相互尊重主权和领土完整、互不侵犯、互不干涉内政、平等相待、和平共处"为主要内容的和平共处五项原则得到了世界上绝大多数国家的赞同,成了中国以及世界上许多国家处理国与国关系的基本准则。

(资料来源:《外交案例》,北京:中国人民大学出版社,2007年。)

【点评】周恩来总理以他的人格魅力、政治智慧与平等态度释疑、解惑、息争,把中国人民热爱和平、倡导平等的优秀品质传递给世界,为促进世界和平、建立国际政治经济新秩序作出了贡献。

社会主义核心价值观宣传教育读本

汉藏同胞血浓于水

2011年9月24日下午4时许,在举世闻名的玉树新寨嘉那玛尼石堆旁发生了一起车祸。北京援建指挥部财务预算部干部杨勉军被一辆违章行驶的双排货车撞倒并压在后车轮下。结古镇党委书记尼玛扎西和杨勉军的同事李英建与周围的20多名新寨村藏族群众,将货车抬起,把杨勉军救了出来。杨勉军被迅速送往州人民医院。

杨勉军被送到玉树州人民医院时,所有的急救准备工作已经就绪。杨勉军的伤情十分严重,左锁骨和14根肋骨骨折,脾脏破裂出血,肺部挫伤,随时都有生命危险。更为凶险的是伤员急需A型血,但是州医院血库A型血已经告急。

州交警支队立即向全体干警群发了献血的短信,30多名A型血的干警立即赶往医院。44岁的交警文吉刚刚下班回到家,就收到了献血的短信,他对妻子说:"北京援建的干部受伤了,需要A型血,可我是B型啊,这可怎么办?"妻子扎西拉毛赶紧说:"我是A型血啊,我俩马上走!"

杨勉军急需A型血的消息在结古镇很快传开了,一个个藏族干部群众冒雨摸黑从各处向州医院汇集。晚上10点钟,一百多名自发来献血的群众在医院排起了长队,队伍后面,还有群众在不断加入。医护人员不停地劝阻年纪大的群众不要献血,但这些淳朴的藏族同胞,迟迟不肯离去,他们嘴里喃喃地念着平安经,为杨勉军祈福。很快,藏族同胞的鲜血一滴一滴地滴入杨勉军的血管,同时融入血管的是藏族同胞对汉族援建干部的浓浓深情。

当天晚上,北京、西宁、玉树三地的专家经过多次会诊,决定对杨勉军进行手术,先挽救生命。经过4个多小时的手术,医生摘除了脾脏,从腹腔里引出3200毫升血液。杨勉军终于脱离了生命危险,相关体征平稳。26日,杨勉军乘班机转院到西宁青海省人民医院继续进行治疗。

在玉树遭受地震灾害时,全国各地的救援者义无反顾地奔赴雪域高原,救出了许多的藏族同胞;在玉树灾后重建时,全国各地的援建者又一如既往地投入火热的援建工作中。而在援建干部命悬一线的时候,藏族干部群众献出了真诚的鲜血,这血浓于水的汉藏民族之情,续写着民族团结新的篇章。

(资料来源:《光明日报》,2012年2月4日。)

【点评】 玉树地震使整个地区受灾严重,但是玉树的藏族同胞并不孤单,全国各地都向他们伸出了援助之手。而当援建干部生命垂危的时候,藏族同胞也踊跃献血,这充分体现了汉藏一家、血浓于水的深厚情谊。

和谐的"天路"

2006年7月1日,举世瞩目的青藏铁路开出首趟列车,标志着这条神奇的"通天之路"从此开通,雪域高原开启了幽闭的大门,西藏人民有了通往和谐、幸福的金桥。

在20世纪50年代之前,进入西藏只能依靠古老的唐蕃古道和茶马古道,其中的艰辛难以想象。这是一条满载死亡记录的道路,荒野中连绵的白骨无声地控诉着高原的封闭与落后。西藏人民一直以来都热情期盼着可以有一条便捷的铁路通往外部世界,这也成为党和国家领导人心中的夙愿。

早在20世纪50年代,毛泽东主席就提出要把铁路修到拉萨。1958年,在毛泽东、周恩来和邓小平的关心下,青藏铁路一期工程动工修建,到1979年,铁路从西宁铺到了格尔木。但是此后,因为永久冻土地区筑路和高原缺氧条件下劳动保护等问题没有解决,格尔木—拉萨段续建工程只好暂时停工。

2000年10月,中央召开十五届五中全会,江泽民写了长篇批示,认为修建进藏铁路,无论从经济发展、政治稳定,还是从促进民族团结考虑,都是非常必要的。指出要通过青藏铁路的修建,推动沿线地区逐步成为经济发展、社会和谐、环境优美、文明进步的地区。

2001年6月,13万铁路建设大军开始了人类铁路建设史上的伟大壮举。青藏铁路全长1956公里,有960公里的路程在海拔高4000米以上,其中550公里的地段穿越高原常年冻土地带。其最高点位于海拔5072米、常年白雪皑皑的唐古拉山垭口,这里被誉为"离天最近的铁路"和"世界上最高的铁路"。工程的艰难程度在人类铁路建设史上前所未有。建设者们经过持续5年的顽强奋战,终于建成了这条世界上海拔最高、线路最长的高原铁路。

藏族同胞高兴地把这条铁路称为通往幸福的"天路"。青藏铁路开通后,西藏农牧区的面貌日新月异,呈现出安居与乐业并举、发展与和谐共进的良好态势。

(资料来源:《中国青藏铁路》,北京:华文出版社,2016年。)

【点评】青藏铁路是世界铁路建设史上的奇迹,伟大的铁路建设者们不仅筑造了迄今为止世界上海拔最高的铁路,而且缔造了一座高入云端的"精神高原",为中华民族这个多民族大家庭的和谐文明增添了一道亮丽的风景线。

在省部级主要领导干部提高构建社会主义和谐社会能力专题研讨班上的讲话(节选)

胡锦涛

从国内看,构建社会主义和谐社会,是我们抓住和用好重要战略机遇期、实现全面建设小康社会宏伟目标的必然要求。目前,我国改革发展正处在一个关键时期。一些国家和地区的发展历程表明,在人均国内生产总值突破1000美元之后,经济社会发展就进入了一个关键阶段。在这个阶段,既有因为举措得当从而促进经济快速发展和社会平稳进步的成功经验,也有因为应对失误从而导致经济徘徊不前和社会长期动荡的失败教训。综合起来看,在当前和今后相当长一段时间内,我国经济社会发展面临的矛盾和问题可能更复杂、更突出。随着我国社会主义市场经济不断发展,随着我国公有制为主体、多种所有制经济共同发展的基本经济制度和按劳分配为主体、多种分配方式并存的分配制度不断完善,随着我国工业化、城镇化和经济结构调整加速,随着我国社会组织形式、就业结构、社会结构的变革加快,我们正面临着并将长期面对一些亟待解决的突出矛盾和问题,我国经济社会发展也出现了一些必须认真把握的新趋势新特点,主要是:资源能源紧缺压力加大,对经济社会发展的瓶颈制约日益突出,转变经济增长方式要求十分迫切;城乡发展不平衡、地区发展不平衡、经济社会发展不平衡的矛盾更加突出,缩小发展差距和促进经济社会协调发展任务艰巨;人民群众的物质文化需要不断提高并更趋多样化,社会利益关系更趋复杂,特别是受经济文化发展水平等多方面的限制,统筹兼顾各方面利益的难度加大;体制创新进入攻坚阶段,深化改革,扩大开放,进一步触及深层次矛盾和问题;劳动者就业结构和方式不断变化,人员流动性大大加强,社会组织和管理面临新问题;人民群众的民主法制意识不断增强,政治参与的积极性不断提高,对发展社会主义民主政治和落实依法治国基本方略提出了新要求;各种思想文化相互激荡,人们受各种思想观念影响的渠道明显增多、程度明显加深,人们思想活动的独立性、选择性、多变性、差异性明显增强;社会上存在的消极腐败现象以及各类严重犯罪活动等也给社会稳定与和谐带来了严重影响,等等。我们要抓住和用好重要战略机遇期、实现全面建设小康社会的宏伟目标,就必须正确应对这些矛盾和问题,花更大气力妥善协调各方面的利益关系,正确处理各种社会矛盾,大力促进社会和谐。这既是全面建设小康社会的重要内容,也是实现全面建设小康社会宏伟目标的重要前提。

从国际看,构建社会主义和谐社会,是我们把握复杂多变的国际形势、有力应对来自国际环境的各种挑战和风险的必然要求。和平与发展仍是当今时代的主题,但国际形势继续处于深刻复杂的变化之中。世界格局处于向多极化过渡的重要时期,经济全球化趋势不断深入发展,科技进步突飞猛进,国际产业升级和转移速度加快,各国注重经济发展和国际经济技术合作,区域经济一体化进程加速。从总体上看,这些因素给我国的改革发展带来了难得机遇和有利条件,只要我们高举和平、发展、合作的旗帜,坚持冷静观察、沉着应对的方针,牢牢掌握应对国际局势和处理国际事务的主动权,就能够营造有利于我国的战略态势,为我国现代化建设争取较长时期的良好国际环境和周边环境。同时,我们必须清醒地看到,当今世界仍很不安宁,各种矛盾错综复杂,影响和平与发展的不稳定不确定因素依然存在。由于世界力量失衡的局面在短期内难以根本改变,世界多极化趋势的发展不会一帆风顺。由于国际经济旧秩序没有根本改变,经济全球化趋势在推动世界经济发展的同时,也给各国特别是发展中国家带来挑战和风险,发展中国家在经济、政治、文化、信息、军事等方面面临着严峻压力。由于传统安全威胁和非传统安全威胁的因素相互交织,民族、宗教矛盾和边界、领土争端导致的局部冲突时起时伏,恐怖主义活动依然猖獗,地区和国际安全形势不容乐观。在这样复杂多变的国际形势下,我们要有力应对来自外部的各种挑战和风险,必须把国内的事情办好,始终保持国家统一、民族团结、社会稳

定的局面。这是我们集中全党全民族的智慧和力量、全面推进中国特色社会主义事业的重要保障。

从我们党肩负的使命看,构建社会主义和谐社会,是巩固党执政的社会基础、实现党执政的历史任务的必然要求。构建社会主义和谐社会,是我们党坚持立党为公、执政为民的必然要求,是我们党实现好、维护好、发展好最广大人民的根本利益的重要体现,也是我们党实现执政的历史任务的重要条件。巩固党执政的社会基础、实现党执政的历史任务要求我们:必须紧紧依靠人民群众,团结一切可以团结的力量,调动一切可以调动的积极因素,把人民群众以及各方面的积极性、主动性、创造性都充分发挥出来,为实现全面建设小康社会的宏伟目标而奋斗;必须正确认识和妥善处理人民内部矛盾和其他社会矛盾,协调好各方面的利益关系,不断在发展的基础上满足人民群众日益增长的物质文化需要,保证人民群众共享改革发展的成果;必须抓紧解决人民群众生产生活中的突出问题和困难,夯实党执政的阶级基础和群众基础,保持党同人民群众的血肉联系;必须加强社会建设和管理,营造良好的人际环境,保持良好的社会秩序,维护社会稳定,保证广大人民群众安居乐业。只有把这些工作都更加自觉、更加主动地做好了,我们党才能不断增强执政的社会基础,才能更好地实现继续推进现代化建设、完成祖国统一、维护世界和平与促进共同发展这三大历史任务。

总之,我们党提出构建社会主义和谐社会,既是对我国改革开放和现代化建设经验的科学总结,也是在新的国内外形势下提高党的执政能力、贯彻落实科学发展观、更好地推进我国经济社会发展的战略举措。

(资料来源:《解放军报》,2005年6月27日。)

君子和而不同。

——孔子

家庭和睦是人生最快乐的事。

——[德]歌德

社会层面
自由 平等 公正 法治

"自由、平等、公正、法治"是社会主义核心价值观在社会层面上的价值取向,是立足于社会集体层面对社会主义核心价值体系的高度凝练。既吸收了中华民族优秀传统文化和世界文明优秀成果,又顺应了新时代中国特色社会主义的发展要求。

"自由、平等、公正、法治",是对理想社会的实质概括,它体现了中国特色社会主义应然的基本属性,也是我们党长期坚持实践的核心价值理念。简而言之,自由是指社会层面的人的思想意志自由、存在和发展的自由,是人类社会的美好追求,实现每个人的自由全面发展是马克思主义追求的社会价值目标。平等是指每个人在社会主体意义上都是平等的社会成员,生存和发展的需求在社会中应该受到同等程度的尊重和照顾,其价值取向是不断推进政治、经济与社会领域的权利平等。公正即社会公平和正义,它是指社会制度安排的合理性,也就是对权利和义务进行合理分配,从而使得社会秩序具有内在的稳定性。它强调消除两极分化,实现共同富裕,消减特权,促进社会和谐。法治是治国理政的基本方式,依法治国是社会主义政治的基本要求。它通过法治建设来维护和保障公民的根本利益,是实现自由平等、公平正义的制度保证。

"自由、平等、公正、法治",对于建设富强民主文明和谐的社会主义现代化国家、实现中华民族伟大复兴的中国梦,具有重大而现实的意义。倡导践行"自由、平等、公正、法治"的核心价值观,有助于完善社会主义市场经济体制,激发社会活力,推动生产力发展;有助于培育现代公民社会,推进社会主义政治文明建设,实现国家的长治久安;有助于促进社会公平正义,使发展成果更多更公平惠及全体人民,增进和释放人民群众的获得感。

自由 社会主义的活力源泉

引 语

只有在共同体中,个人才能获得全面发展其才能的手段。也就是说,只有在共同体中,才可能有个人自由。

——《马克思恩格斯文集》

一、自由的含义

提起自由,我们眼前就会浮现匈牙利诗人裴多菲广为流传的诗句:"生命诚可贵,爱情价更高。若为自由故,二者皆可抛。"这首诗深刻表达了近现代以来人们对自由的向往和珍惜。

什么是自由?从人们的日常认知而言,自由就是没有限制、约束的自在状态,比如恋爱自由,就是指摆脱传统婚姻"父母之命,媒妁之言"的束缚,个体自主寻找配偶。自由总是和各种限制、约束联系在一起,摆脱各种限制与约束的自在状态就是自由。法国启蒙思想家卢梭曾经说过:"人生而自由,但无往不在枷锁之中。"理解"自由"是和理解"枷锁"联系在一起的。

这些枷锁在哲学层面主要是指必然。必然是指自然规律、社会历史规律等不以人的意志为转移的客观必然性。人生活在自然和社会中,具有生物性和社会性双重属性,受到客观必然性的约束。

首先,人类作为自然界的一部分,面对自然规律的束缚。从人类社会存在和发展的基础——物质资料的生产来看,生产力是自由实现的物质基础。生产力越低下,人类拥有的自由就越少。从人类个体来看,生老病死的自然现象也是束缚个体自由的基本因素,没有健康也就没有自由。面对这样的束缚,马克思主义哲学认为,通过积极实践改造世界才能获取自由。恩格斯指出:"自由不在于幻想中摆脱自然规律而独立,而在于认识这些规律,从而能够有计划地使自然规律为一定目的服务……自由就在于根据对自然界的必然性的认识来支配我们自己和外部自然。"这里面包含三层意思:一是发展自然科学,更全面深入地认识自然规律,这是实现自由的前提。认识越充分,可能实现的自由就越广泛。二是发挥人类主观能动性,利用自然规律来有目的、有计划地改造世界获取自由。人类改造世界的实践越是自觉、主动,实现自由的可能性就越大。三是实践既是人类自由的体现又是实现自由的根本。马克思主义哲学认为,实践是人类社会自觉自由改造世界的客观物质性活动,体现人类的主体性;同时,实践又强调客观物质性,也就是说,不是意识层面的主观理念,而是现实层面的切实改变。自由不是靠观念实现,而是靠实践实现。总之,解放和发展生产力的实践是实现人类自由的必由之路。

其次,人类的社会属性决定,社会关系进而社会规律对人类的束缚。个人总是处于一定的历史阶段和社会范畴,受社会制度和道德法律约束。马克思主义哲学认为,人类社会是由生产力和生产关系、经济基础和上层建筑的矛盾来推动发展的,历经原始社会、奴隶社会、封建社会、资本主义社会和共产主义(社会主义)社会的发展阶段。不同社会不同历史阶段,自由的具体内容不同。近代西方资产阶级革命以"自由"为旗帜,推翻宗教神权和封建等级专制制度,具有一定的历史进步意义。在此基础上,资产阶级政治哲学把自由和政治权利相联系,用法律保卫革命成果,规范公民各种各样的权利。现代资本主义国家普遍承认并保障公民享有基本的权利和自由,包括财产和人身自由、言论和出版自由、集会自由、宗教自由、思想的自由等。一方面,我们承认资本主义社会保障公民基本自由的历史进步意义,并作为人类政治文明发展的成果加以吸收借鉴;另一方面,我们也要深刻认识社会主义社会自由是更高层次的自由,以及中国特色社会主义社会自由含义的特殊性。马克思主义认为,阶级社会里自由是具有阶级性的,自由和权利实质上属于统治阶级。资本主义自由形式上是普遍自由,但对于无产阶级而言是虚伪的。在资本主义制度下,工人的基本自由权利大多数只是形式,实质上拥有的基本自由不过是在市场上出卖劳动力并被资本家剥削的自由。马克思、恩格斯所设想的共产主义社会,由于实行生产资料公有制,消除了资产阶级剥削的基础;同时高度发达的社会生产力也解放了自然对人类的束缚,这时自由的内涵不仅包括政治权利上的自由,而且包括经济权利上的自由,使人人都有自我发展、自我实现的权利和机会,"在那里,每个人的自由发展是一切人的自由发展的条件",它是一种积极的实质自由,远远高于资本主义社会的自由。中国特色社会主义是中国在生产力不发达、商品经济不充分的社会主义初级阶段结合国情走出的社会主义建设之路。一方面,它有着社会主义的普遍原则,追求自由的最终目标是实现社会每个成员的自由全面发展;另一方面,它有着现实生产力的约束和社会发展阶段的束缚,人们的自由相对而言还不是很充分,这是社会主义核心价值观提出自由的现实基础。

最后,自由与约束、个人自由与集体自由是辩证统一的。马克思主义认为,对立统一规律是事物发展的基本规律。自由与约束、个人自由与集体自由也符合这个规律。"没有规矩,不成方圆"。自由和约束是互相依存,就个体而言,自由是在自然规律、社会规律框架里的自由,脱离客观必然的自由是不存在的。试想一个人追求长生不老的自由,显然不可能实现。在社会里遵循社会规范才有自由空间,肆意追求个人自由,导致违法犯罪,结果是失去自由。同时,自由又是对约束的不断解放过程,这个过程与社会发展紧密相连,追求自由能够推动社会主义社会的发展。集体自由规范个体自由的幅度,个体把握自由的度是实现个体自由的关键。换言之,在中国特色社会主义社会道德法律规范内积极实现自由,是我们每个人实现自由的路径。

二、自由的意义

自由是共产主义社会的基本特征,是社会主义的内在要求。马克思主义是以人类解放和实现每个人的全面自由发展作为终极价值追求。衡量人类解放,自由是首要指标。马克思认为人类社会发展要经历三个阶段:第一个发展阶段是指生产力落后的自然经济社会,人或者受制于自然规律,或者屈从于他人的压制和束缚之下,既没有独立性,也没有自由,只有"人的依赖关系"。第二个发展阶段是指工业化的资本主义社会,人虽然获得了形式的独立性,但被资本主义制度"异化",沦为资本、金钱、商品的奴隶,全面地依赖于物,自由并不完备。只有到了第三个发展阶段,即共产主义社会。高度发达的生产力极大地解放了自然对人的束缚,人们共同分享社会生产能力和社会财富,极大地摆脱了阶级社会对人的束缚,这个阶段才能实现人的全面发展和自由个性,才能实现真正的自由。当自由与人类解放联系在一起时,它的理想光辉不可磨灭。早期社会主义诉求就是在对资本主义社会普遍存在的剥削压迫、片面化、异化等不自由现象的反抗中诞生的,科学社会主义进一步从理论上阐明资本主义社会中无产阶级不自由的根源,进而提出共产主义的自由理想。因此,自由是社会主义内在固有的本质和要求。如同恩格斯所说:"我们的目的是要建立社会主义制度,这种制度将给所有的人提供健康而有益的工作,给所有的人提供充裕的物质生活和闲暇时间,给所有的人提供真正的充分的自由。"这是一切社会主义国家的奋斗目标。

自由是当代中国改革和发展的源头活水,是完善中国特色社会主义体制的必然要求。当代中国的改革是从真理标准的讨论开始的,以"实践是检验真理的唯一标准"解放旧的思想禁锢,推动思想自由。在实事求是指导下的思想自由极大地激发了人们的创造力,把党和人民从教条主义和主观主义的桎梏中解放出来,大胆实践,走出了中国特色社会主义道路,创造出国家综合实力上升,国际地位提升,人民生活水平提高,社会主义制度巩固的伟大业绩。解放和发展生产力、增强社会活力都离不开自由。社会主义市场经济赋予人们自由地享有发展的机会和权利,自由地发挥自身的能力和

特长。同时激发劳动、知识、技术、管理、资本的活力,促进创造社会财富的源泉充分涌流,推动社会的进步发展。十八届三中全会提出,要形成企业自主经营、公平竞争,消费者自由选择、自主消费,商品和要素自由流动的社会主义市场体系。健康活泼的社会主义市场经济体系需要保障市场参与主体的正当、合法自由,进而使各种生产要素充分发挥作用,社会主义市场经济才有源源不断的内在动力。十八大以来,党和政府全面深化改革,重点破除各方面体制机制弊端,转换政府职能。改革的主要内容是减少政府管制,扩大人民在经济领域的自由,新兴产业蓬勃发展,为全面建成小康社会提供坚实的支撑。

自由是实现中华民族伟大复兴中国梦的必要条件。习近平总书记在十九大报告中指出:"中国共产党人的初心和使命,就是为中国人民谋幸福,为中华民族谋复兴。"这涉及中国梦的两个层面,它既是中华民族伟大复兴的梦想,又是中国人民幸福的梦想。中国梦的实现离不开人民自由追逐自己的梦想,需要每一个中国人积极投身于建设来使梦想成真。中国特色社会主义新时代,人民的需求不仅仅只是物质生活的改善,更需要社会能够提供充分享有发展自我、实现自我的条件和自由,能享有"人生出彩""梦想成真"的机会。可以说,自由为梦想插上了翅膀。十八大已经明确把"促进人的全面发展"纳入中国特色社会主义道路的内涵。促进人的全面发展,既需要保障人们依法享有的言论、思想等基本权利和自由不受干涉,又需要提供人们自由发展的资源和条件。十八大以来党所确定的政治、经济、文化等领域的各项改革,都是进一步扩大人民的自由,使每个人都能有更大的权利、机会、能力,并且在更完善的社会条件下来实现自己美好生活的梦想。

三、我国"自由"的发展成就与存在的问题

自鸦片战争开始,中国就从具有主权的封建社会一步步沦为半殖民地半封建社会,中国历史进入最黑暗、最屈辱、最苦难的时段,人民经济上被压榨,政治上被专制,自由发展无从谈起。十月革命一声炮响,给中国送来了马克思列宁主义,中国共产党诞生。中国共产党领导人民进行艰苦卓绝的

反帝反封建的新民主主义革命,"为有牺牲多壮志,敢教日月换新天"。新民主主义革命的胜利和新中国的成立使得中国对外获取民族解放和独立,对内获取人民解放和民主,概而言之,就是中国人民站起来了。中国人民的自由也随着革命胜利极大扩展。政治上,革命阶级的联合专政使得广大工农知识分子翻身做了主人,享有的政治自由权利实质性拓展;经济上,摆脱了帝国主义压榨,生产力得到解放,人民就业率不断提升。社会主义改造完成之后,新中国进入社会主义社会,在经济上实行生产资料公有制,在政治上实行人民民主专政制度,从根本上消除了阻碍全体人民享有自由的社会政治经济制度,为当代中国的自由发展奠定了坚实基础。

面对社会主义建设探索中的错误和失败,中国共产党勇于修正错误。十一届三中全会后,中国共产党用"人民日益增长的物质文化需求和相对落后的社会生产"矛盾取代阶级斗争,开启了解放和发展生产力的改革开放时代。在实事求是、解放思想、与时俱进思想路线的指导下的改革开放带来了一系列的制度和体制创新。经济上建立了社会主义市场经济体制,不断完善自主经营、自主消费、商品和要素自由流动的现代市场体系;积极参与经济全球化,开拓世界市场,实行自由贸易,极大地促进了生产力发展。政治上确立了社会主义民主政治建设的基本框架,积极探索民主建设新路径,落实基层民主选举,发展民主党派参政议政的协商民主,使人民能够广泛参与政治决策过程。进一步在法律上明确规定和保障公民的基本权利,使广大人民都能享有选举权和被选举权,言论、出版、集会、结社、游行、示威的自由等政治权利和自由、宗教信仰自由、人身与人格权以及一系列社会经济文化权利和自由。改革开放使中国加速发展,中国人民富起来了。2010年,中国经济总量超越日本,成为世界第二大经济体、世界第一大贸易国;人民生活水平大幅度提升,进入小康社会,使得13亿中国人基本都能享有生存发展的基本权利和自由。与此同时,经济发展带来社会建设的不断完善,教育、科技、文化、卫生等社会事业的投入不断增加,有效扩大了人民的社会、经济、文化权利和自由。

作为一个发展中国家,中国长期处于社会主义初级阶段,虽然生产力取

得发展,但还是存在不少制约人自由和权利的因素,诸如经济社会发展水平有待进一步提高,社会各方面体制机制有待进一步完善等。当前我国自由方面存在的主要问题包括:一是经济社会发展不平衡和不充分,城乡差距、区域差距、行业差距、居民收入差距较大,使得经济社会发展带来的自由权利不能充分体现,部分人群没有自由获得感。二是社会民生建设相对滞后于经济建设,社会保障体系不够完善,公共服务和社会福利水平较低,普通居民存在"上学难、就业难、看病难、买房难"等实际困难,人民生存发展自由的基础条件尚未满足。三是政府职能界定不清,一些部门过多干涉市场自由,抑制社会市场的活力和创新创造力;一些政府和执法机关尊重人权和公民自由的意识比较薄弱,在执法过程中对公民人身自由造成侵犯;对言论自由等政治自由权利自由裁量权过大,执法标准不统一,影响公民的合法政治自由权利等。

需要指出的是,西方国家经常拿自由问题对中国进行意识形态攻击。我们要认识到中国特色社会主义制度不是照搬西方资本主义制度,对自由的理解和界定与西方社会有本质区别,应坚持道路自信。

四、促进自由的原则和途径

实事求是是马克思主义活的灵魂,也是党的思想路线的精髓。实现以人的自由全面发展为核心内容的马克思主义自由目标,是一项长期而艰巨的任务,不能脱离社会发展阶段盲目跃进,而要依据当前国情和社会发展要求系统性确定相应的权利和自由拓展目标,渐进、有序地促进中国特色社会主义自由的发展。

促进自由是一项系统工程,有序、渐进地发展公民自由的途径主要有:

首先,发展是解决一切问题的基础,解放和发展社会生产力是扩大自由的关键。一方面,继续深化改革,全面完善社会主义市场经济体系,发挥市场促进生产力发展的功能;另一方面,继续高举科教兴国大旗,全面提升对客观必然性的研究认识,提高人民的专业技能,促进社会劳动率进一步提升,为人的自由全面发展提供现实物质条件。

其次,促进自由和实现自由必须加强制度建设。切实推进社会主义政治体制改革,加强社会主义民主制度建设,人民切实当家作主才能充分保证人民享有广泛的权利和自由。

再次,推进社会主义法治建设。一方面,坚持依法执政、依法行政、依法办事,切实保障宪法规定的公民权利和自由。另一方面,加强公民意识教育和宣传,树立社会主义权利、自由意识。既保证公民的自由和权利得到尊重和保护,又保证公民自觉依法行使权利。

最后,继续推进政府转换职能改革,强化政府的社会服务功能。扩大公共产品服务,缩小社会发展现实差距。

重要的历史转折:民主改革 50 年来西藏发展变革纪实

"喜马拉雅山再高也有顶,雅鲁藏布江再长也有源。藏族人民再苦也有边啊,共产党来了苦变甜。"坐在自家宽敞明亮的退休房里,听着音箱里传出的才旦卓玛优美动听的歌声,西藏大学原副校长色觉卓嘎感慨地说:"度过寒冬的人,最懂得阳光的温暖。如果没有西藏的解放和民主改革,就没有西藏繁荣稳定的今天,我们这些农奴就不可能成为国家的主人、知识的主人和自己命运的主人。"她的话,道出了西藏各族群众共同的心声。半个世纪前发生在雪域高原的社会民主改革,废除了封建农奴制,成为西藏历史发展的根本转折。

历史抉择——民主改革是西藏百万农奴的强烈愿望,是西藏历史发展的必然

民主改革前的西藏社会制度,是政教合一、僧侣贵族专制的封建农奴制度。占总人口不到5%的三大领主占有95%的土地和农奴、奴隶,占总人口90%以上的农奴和奴隶没有土地所有权,他们的人身依附于农奴主,其收入的绝大部分为农奴主所有,终年不得温饱,领主可以任意役使甚至杀害他们。

1951年,中央人民政府与原西藏地方政府签订了和平解放西藏的"十七条协议",西藏和平解放。但西藏的社会制度仍然是"政教合一"的僧侣贵族专政的封建农奴社会,近百万农奴仍生活在极端贫困之中。

1959年3月,原西藏上层反动集团撕毁了"十七条协议",发动了武装叛乱。他们表面上打着"反对汉人"的旗号,实际上是阴谋分裂祖国,反对西藏百万农奴强烈要求的社会改革。他们的叛乱很快被平息,这为在西藏顺利进行民主改革创造了有利条件。

1959年3月下旬,西藏民主改革正式开始。开展了"三反"(反对叛乱、反对乌拉差役制度、反对人身依附制度)和减租减息运动,解放农奴,废除人身依附。在寺庙里,坚决打击披着宗教外衣的叛乱分子和反革命分子,废除寺庙中的封建剥削压迫制度,建立寺庙民主管理制度,保护正当的宗教信仰自由。

到1961年,西藏民主改革基本完成,彻底摧毁了西藏千百年来形成的政教合一的封建农奴制度,广大农奴和奴隶翻身解放,当家作主,成了国家的主人、土地的主人,也成了自己人身的主人。昔日的农奴们欢天喜地得到了土地证,得到了房屋、牲畜和其他生产资料,世世代代的梦想变成了活生生的现实。当熊熊的烈火烧掉地契、债约时,农奴们围着火堆夜以继日地歌舞狂欢,欢乐的泪水打湿了他们的氆氇衣衫。从此,西藏的社会面貌焕然一新。

社会变化——民主改革使西藏人民获得了人身自由和民主权利

民主改革后,西藏百万农奴和奴隶翻身解放,旧西藏的法典被废除。新中国宪法和法律保障了西藏人民人人享有生命与人身安全的权利。

民主改革结束了旧西藏"政教合一"的封建领主专政的政治制度,实行人民民主的政治制度。按照新中国宪法,西藏人民同全国各族人民一样,成为国家的主人,享有法律所规定的一切政治权利。西藏自治区所有年满18周岁的公民,都有选举权和被选举权。1961年,西藏各地开始实行普选,昔日的农奴和奴隶第一次获得了当家作主的民主权利。他们踊跃参加选举,并由此产生了自治区各级权力机关和政府。一大批翻身农奴和奴隶担任了自治区各级领导职务。

经济发展——民主改革为西藏的现代化发展扫清了道路

民主改革以前,西藏的生产力极其低下。1950年,西藏只有一座简陋的造币厂和一座125马力断断续续发电的小水电站,民族传统手工艺依靠的是手工作坊,没有现代意义上的工业生产。民主改革从根本上改变了西藏的生产资料所有权,调整了生产关系,解放了生产力,为西藏的现代化发展扫清了道路。

西藏自治区统计局、国家统计局西藏调查总队数据显示,西藏民主改革初期的1959年,西藏生产总值仅为1.74亿元,到2007年,这一数据为342.19亿元。按可比价格计算,增长了59倍,年均增长8.9%。特别是1994年中央召开第三次西藏工作座谈会以来,西藏生产总值每年都有两位数的增长,年均增长13%左右,高于全国平均水平。

与此同时,工业经济总量不断壮大,现代工业从无到有、从小到大,逐步发展壮大起来。目前已形成了以优势矿产业、建材业、民族手工业、藏医药业为支柱的富有西藏特色的工业生产体系。2007年,西藏工业增加值达25.71亿元,是1959年民主改革时0.15亿元的171.4倍。

人民富裕——民主改革使西藏各族人民走上了幸福的康庄大道

50年前的春天,凯松庄园的400多名农奴自发成立了西藏第一个农民协会。在中国共产党领导下,百万农奴摧毁封建农奴制度的民主改革就在这个小小的村落拉开了序幕。近半个世纪里,位于西藏雅砻河谷的凯松村发生了巨大的变化:不少家庭盖起了藏式小楼;200多户居民已拥有123辆拖拉机和汽车;凯松人冲破"经商耻辱"的旧观念,开起商店和饭馆;1992年国家投资75万元新建了3000平方米的现代化正规学校,凯松村适龄儿童入学率达100%,45岁以下的成年人通过夜校学习已全部脱盲。

凯松人生活的变化只是西藏百姓生活水平提高的一个缩影。民主改革50年来,在党中央的关怀下,西藏经济社会迅速发展,人民生活水平快速提高。据统计,2008年,全区农牧民人均收入达3170元;全区共有17万户、86万农牧民住上了安全适用的房屋;以水、电、路、讯为重点的农村基础设施建设扎实推进,全年有699个行政村新建了村级组织活动场所,25万农牧民喝上了安全卫生的水,17.7万农牧民用上了方便快捷的电。

"日子好了,腰包鼓了,心情也舒畅。我们是打心眼里感谢祖国,感谢伟

大的党!"达孜县农民巴桑顿珠看着满仓的粮食,露出了灿烂的笑容。

50年岁月匆匆走过,顾盼往昔,岁月如歌。50年沧海桑田,雪域高原,绽放异彩。在祖国大家庭温暖的怀抱里,在全国各族人民无私的援助下,在西藏各族干部群众的共同努力下,相信西藏的明天一定会更加灿烂辉煌。

(资料来源:《西藏日报》,2009年1月3日。)

【点评】西藏通过民主改革由封建农奴制走进社会主义制度,广大西藏人民翻身做了主人,获得了广泛的自由权利,进而解放和发展了西藏社会生产力,使得西藏面貌焕然一新,人民生活日益安康幸福。

李克强为何连续5年把简政放权作为"当头炮"

2017年国务院的第一次常务会议,李克强总理部署的"当头炮",依然是"简政放权"。

当天会议确定的三个议题,分别对应着"放管服"改革的三个层面:决定再取消一批中央指定地方实施的行政许可并清理规范一批行政审批中介服务事项;审议通过"十三五"市场监管规划;部署创新政府管理、优化政府服务。

认真梳理此前4年国务院常务会开年第一议题便会发现:2013年3月本届政府成立后首次常务会议,重点研究推进政府职能转变事项;2014年第一次常务会议,决定进一步推出深化行政审批制度改革的三项措施;2015年首次常务会议,确定规范和改进行政审批措施;2016年1月13日的常务会议,决定再推出一批简政放权改革措施。连续5年,本届中央政府工作的"当头炮",都是"简政放权"!

国务院一位领导会上说,今年国务院首次常务会依然部署推进简政放权,这充分彰显了本届政府"坚持改革不动摇"的决心和态度。李克强总理也在讨论中提醒参会人员,一定要从各自部门职能实际出发,认真研究此次取消的审批等事项。

"可以说,我们'放管服'的改革现在已经进入'深水区'。"总理说,"现在取消的不再是之前那样'明显不合理'的审批事项,而是实实在在的'硬骨头'。但'骨头'再硬我们也要'啃'。我们之所以紧紧扭住简政放权这个'牛鼻子'不放,就是要逐步厘清政府和市场的边界,进一步激发市场活力和创造性,切实解放和发展生产力!"

改革永无止境,根本目的是解放和发展生产力

李克强总理在会上强调,推进"放管服",进一步转变政府职能,这是牵动"牛鼻子"的改革。"我们推进供给侧结构性改革,最基本的内容就是推进简政放权、加快结构性减税。只有使这些改革不断推向纵深,才能真正激发出市场活力和社会创造力。"总理说。本届政府成立之初,李克强总理曾在记者招待会上公开承诺:对国务院各部门现存的1700多项行政审批事项,要削减三分之一以上。而现在,本届中央政府不仅提前超额完成承诺目标的任务,而且还在持续"加码"深化这项改革。李克强在1月4日的常务会议上再次重申,要发挥市场配置资源的决定性作用和更好发挥政府作用,关键就是要处理好政府和市场的关系。他提醒有关部门负责人务必清醒看到,现在仍有许多需要清理的行政审批事项,"放管服"改革一刻也不能松懈。

"老子说,'天下多忌讳而民弥贫'。只有把束缚老百姓手脚的绳索都解开了,才能真正发挥13亿人的聪明才智和创造力!"总理说,"改革永无止境,我们改革的最根本目的,就是要解放和发展生产力。"

企业成本高在哪儿,还不是制度性交易成本太高?

"最近有声音认为企业税负过高,其实仔细掰开来算细账,主要是企业的非税负担过重。企业成本高在哪儿,还不是制度性交易成本太高?"李克强说。他进一步指出,推进简政放权改革,既要取消审批项目、缩短审批流程,又要切实清理中介等各种不合理收费项目,从而真正降低企业的制度性交易成本。

当天会议决定,在本届政府已取消230项中央指定地方实施的行政审批事项基础上,再取消民办学校招生简章和广告备案核准、棉花加工资质认定等53项许可,取消与法律职业资格认定、铁路运输基础设备生产企业审批等有关的20项中介服务事项。李克强指着手中的材料举例道:"过去有一些审

批项目,比如'公章刻制',几个部门重复审批,导致正规的公章刻制流程异常繁复、耗时很长。然而假冒伪劣公章刻制却快得很。政府人员不能再坐在办公室里收文件、画圈圈了!要真正了解市场主体到底需要什么样的服务,切实转变政府职能!"他最后强调:"总原则就是一句话:既要放得开,又要管得住!"

最大程度减小自由裁量权,切实为市场主体和百姓减负

如何在"放得开"的同时真正"管得住"?李克强给出的"药方"是:依法依规推动综合市场监管。当天会议确定,"十三五"期间,要着力营造"三个环境":宽松便捷的准入环境、公平有序的竞争环境和安全放心的消费环境。李克强明确要求有关部门,要在加大监管力度的同时,尽力"简除繁苛",推动综合市场监管。"有些根本没有名目的'费',监管者对企业是说罚就罚、说缴就缴,企业的成本怎么能不高?"总理说,"我们一定要站在企业角度、站在百姓立场想问题!各部门都要统一思想,让基层执法机构切实能够实现综合执法,同时在执法中推进'两随机一公开',最大程度减小自由裁量权,切实为市场主体和百姓减负!"

李克强最后强调:"'放管服'改革,我们会一以贯之、锲而不舍持久向纵深推进。因为这是处理好政府和市场关系,转变政府职能的根本之举。只有坚持不懈推进这项改革,企业活力才能真正得到迸发,百姓才能从中获得实惠。"

(资料来源:中国政府网,2017年1月4日。)

【点评】李克强总理主导的国务院连续5年把简政放权作为每年第一次常务会议的主要议题,表明厘清政府与市场的边界,减少政府对市场的过度干涉,还市场自由,已经成为政府转换职能改革的核心内容。充分发挥市场自由配置资源功能,既是改革的成功经验又是深化改革的持久之道。市场自由本身就是市场参与者的自由,广大人民群众在市场经济中自由发展是激发社会活力和创造力的根源。

"秦火火"一审被判刑三年

备受关注的秦志晖(网名"秦火火")诽谤、寻衅滋事案,17日上午在北京市朝阳区人民法院一审宣判。法院以秦志晖犯诽谤罪判处其有期徒刑二年,犯寻衅滋事罪判处其有期徒刑一年六个月,数罪并罚决定执行有期徒刑三年。

据悉,从2012年11月至2013年8月,秦志晖分别使用"淮上秦火火""东土秦火火""江淮秦火火"和"炎黄秦火火"的新浪微博账户,先后策划、制造了一系列网络热点事件来吸引粉丝。"7·23"动车事故发生后,秦志晖故意编造、散布中国政府花2亿元天价赔偿外籍旅客的谣言,该微博被转发11000次,评论3300余次,引发大量网民对国家机关公信力的质疑,对事故善后工作的开展造成了不良影响;此外,他还捏造全国残联主席张海迪拥有日本国籍,并将著名军事专家、资深媒体记者、社会名人和一些普通群众作为攻击对象,引发大量网民对当事人的负面评价。

法院经审理认为,秦志晖无视国法,在信息网络上捏造事实,诽谤他人,情节严重,且系诽谤多人,造成恶劣社会影响,其行为已构成诽谤罪;秦志晖在重大突发事件期间,在信息网络上编造、散布对国家机关产生不良影响的虚假信息,起哄闹事,造成公共秩序严重混乱,其行为已构成寻衅滋事罪,依法应予以惩处并实行数罪并罚。根据其所犯诽谤罪、寻衅滋事罪的事实、性质、情节及社会危害程度,本应予以从重处罚,但鉴于秦志晖归案后能如实供述所犯罪行,认罪悔罪态度较好,故对其所犯诽谤罪、寻衅滋事罪均依法予以从轻处罚。

最终,朝阳法院作出上述判决。宣判后,被告人秦志晖当庭表示不上诉。

(资料来源:《海南日报》,2014年4月18日。)

【点评】 言论自由既受法律保护又受法律约束。法律规定言论自由权利的行使必须尊重他人的权利和名誉,同时必须考虑保障国家安全或公共秩序、公共卫生、公共道德等问题。"秦火火"为了博得"名望"、吸引眼球,突破法律的边线与底线,制造传播各种谣言,扰乱网络秩序,最终受到法律的制裁。这表明现实的自由是在法律允许范围内的不受限制和约束,不是随心所欲。

反对自由主义

毛泽东

我们主张积极的思想斗争,因为它是达到党内和革命团体内的团结使之利于战斗的武器。每个共产党员和革命分子,应该拿起这个武器。

但是自由主义取消思想斗争,主张无原则的和平,结果是腐朽庸俗的作风发生,使党和革命团体的某些组织和某些个人在政治上腐化起来。

自由主义有各种表现。

因为是熟人、同乡、同学、知心朋友、亲爱者、老同事、老部下,明知不对,也不同他们作原则上的争论,任其下去,求得和平和亲热。或者轻描淡写地说一顿,不作彻底解决,保持一团和气。结果是有害于团体,也有害于个人。这是第一种。

不负责任的背后批评,不是积极地向组织建议。当面不说,背后乱说;开会不说,会后乱说。心目中没有集体生活的原则,只有自由放任。这是第二种。

事不关己,高高挂起;明知不对,少说为佳;明哲保身,但求无过。这是第三种。

命令不服从,个人意见第一。只要组织照顾,不要组织纪律。这是第四种。

不是为了团结,为了进步,为了把事情弄好,向不正确的意见斗争和争论,而是个人攻击,闹意气,泄私愤,图报复。这是第五种。

听了不正确的议论也不争辩,甚至听了反革命分子的话也不报告,泰然处之,行若无事。这是第六种。

见群众不宣传,不鼓动,不演说,不调查,不询问,不关心其痛痒,漠然置之,忘记了自己是一个共产党员,把一个共产党员混同于一个普通的老百姓。这是第七种。

见损害群众利益的行为不愤恨,不劝告,不制止,不解释,听之任之。这是第八种。

办事不认真,无一定计划,无一定方向,敷衍了事,得过且过,做一天和尚撞一天钟。这是第九种。

自以为对革命有功,摆老资格,大事做不来,小事又不做,工作随便,学习松懈。这是第十种。

自己错了,也已经懂得,又不想改正,自己对自己采取自由主义。这是第十一种。

还可以举出一些。主要的有这十一种。

所有这些,都是自由主义的表现。

革命的集体组织中的自由主义是十分有害的。它是一种腐蚀剂,使团结涣散,关系松懈,工作消极,意见分歧。它使革命队伍失掉严密的组织和纪律,政策不能贯彻到底,党的组织和党所领导的群众发生隔离。这是一种严重的恶劣倾向。

自由主义的来源,在于小资产阶级的自私自利性,以个人利益放在第一位,革命利益放在第二位,因此产生思想上、政治上、组织上的自由主义。

自由主义者以抽象的教条看待马克思主义的原则。他们赞成马克思主义,但是不准备实行之,或不准备完全实行之,不准备拿马克思主义代替自己的自由主义。这些人,马克思主义是有的,自由主义也是有的:说的是马克思主义,行的是自由主义;对人是马克思主义,对己是自由主义。两样货色齐备,各有各的用处。这是一部分人的思想方法。

自由主义是机会主义的一种表现,是和马克思主义根本冲突的。它是消极的东西,客观上起着援助敌人的作用,因此敌人是欢迎我们内部保存自由主义的。自由主义的性质如此,革命队伍中不应该保留它的地位。

我们要用马克思主义的积极精神,克服消极的自由主义。一个共产党员,应该是襟怀坦白,忠实,积极,以革命利益为第一生命,以个人利益服从革命利益;无论何时何地,坚持正确的原则,同一切不正确的思想和行为作不疲倦的斗争,用以巩固党的集体生活,巩固党和群众的联系;关心党和群

众比关心个人为重,关心他人比关心自己为重。这样才算得一个共产党员。

一切忠诚、坦白、积极、正直的共产党员团结起来,反对一部分人的自由主义的倾向,使他们改变到正确的方面来。这是思想战线的任务之一。

(资料来源:《毛泽东选集》第二卷,北京:人民出版社,1991年,第359~361页。)

小贴士

人生而自由,但无往不在枷锁之中,自以为是其他一切的主人的人,反而比其他一切更是奴隶。

——[法]卢梭

自由不在于幻想中摆脱自然规律而独立,而在于认识这些规律,从而能够有计划地使自然规律为一定目的服务……自由就在于根据对自然界的必然性的认识来支配我们自己和外部自然。

——[德]恩格斯

 社会主义制度的内在要求

　　生活在我们伟大祖国和伟大时代的中国人民,共同享有人生出彩的机会,共同享有梦想成真的机会,共同享有同祖国和时代一起成长与进步的机会。

——习近平

　　北宋末年农民起义军首领钟相明确提出"等贵贱,均贫富"的革命口号,要求在政治和经济上实现平等。这种追求平等的思想始终是历史上中国农民起义最具号召力的动员令,但只有到中国共产党领导的新民主主义革命取得胜利,推翻帝国主义、封建主义和官僚资本主义的压迫,这些平等追求才得以实现,也只有社会主义改造完成,社会主义制度确立,才真正实现了劳动人民当家作主,享有政治经济上的平等。习近平同志指出:"中国特色社会主义是社会主义而不是其他什么主义,科学社会主义基本原则不能丢,丢了就不是社会主义。"平等是社会主义的本质要求。大力倡导平等价值,促进平等目标的实现,对促进社会和谐,完善中国特色社会主义事业有着重要意义。

一、平等的含义

　　英国19世纪文学作品《简·爱》面对罗切斯特要娶别人为妻的试探,

简·爱发出呐喊:"你以为我穷、不好看,就没有感情吗?我也会的。如果上帝赋予我财富和美貌。我一定要使你难以离开我,就像现在我难以离开你。上帝没有这样,我们的精神是同等的——就如同你跟我经过坟墓,将同样地站在上帝面前。"面对世俗的不平等,简·爱以精神上的平等进行反抗,并在爱情中顽强坚持自己的理念"我是作为同等的人,我不能少于这一点,即使被我爱的人"。对婚姻两性平等关系的追求和坚持构建了文学史上简·爱的光辉形象。

简·爱对平等的追求是和千百年来人类对不平等的反抗与追求平等的精神一脉相承。无论古罗马斯巴达克起义还是古代中国的钟相杨幺起义,无论是法国大革命还是美国黑人民权运动,平等都是追求的核心目标之一。

什么是平等?从社会价值而言,就是指人们作为社会平等主体,应该受到社会平等对待。每个人生存和发展的需求都能受到社会同等程度的尊重和照顾。具体而言,平等有四种表现形式:一是"人格平等",也就是人是"生而平等"的,不管现实层面人与人之间的先天和后天差异,每个人作为抽象的、一般的人具有的伦理价值是同等的。这是根本平等。二是"身份平等",即每个人在社会中享有身份平等,主要是权利和资格上的平等,主要体现为政治平等和法律平等,如同等享有选举权和被选举权、"法律面前人人平等"等。这是形式平等。三是"机会平等",即每个社会成员都应有相同的起点或相同的生活机会。四是"结果平等",又称"社会平等",由人们在生产资料上的平等带来的社会财富的平等分配。这是实质平等。

马克思主义认为,平等是个历史范畴,具有历史性,同时也具有阶级性。不同历史阶段、不同社会不同阶级有不同的平等观念。原始公社的平等只限于公社成员之间的平等。奴隶社会,奴隶被看作会说话的工具,折射出奴隶主与奴隶的不平等。欧洲基督教封建国家里,人们只有在上帝面前的原罪是平等的,除此便只有封建社会森严的等级秩序。直到资产阶级革命时期,他们才提出了现代意义上的平等要求:"一个国家的一切公民,或一个社会的一切成员,都应当有平等的政治地位和社会地位。"①由此可见,平等是随着社会历史发展而不断发展的。

社会主义平等思想的兴起源于资本主义社会广泛存在的不平等。资产阶级提倡平等思想是为了消灭封建特权和等级制度,使资产阶级拥有平等的政治权利和社会地位,具有历史进步意义。而当资产阶级取得统治地位后,对无产阶级进行剥削压迫,使得资本主义平等只停留在表面和形式上。马克思、恩格斯指出,资本主义平等只消除了政治和法律上的阶级特权,但容许经济上的阶级剥削。这种平等掩盖的是有产者和无产者在财富、地位、生活前景等方面广泛而巨大的不平等。因而社会主义平等要求消灭阶级本身,消灭由阶级所造成的一切剥削和不平等。恩格斯说:"无产阶级平等要求的实际内容都是消灭阶级的要求……任何超出这个范围的平等要求,都必然要流于荒谬。"②社会主义所倡导的平等不仅继承具有历史进步性的资本主义形式平等,更因为在经济领域建立生产资料公有制,能够实现实质的结果平等,使人民共同分享社会发展的成果。可以说,社会主义比资本主义更真实、更广泛地实现平等。

此外,我们谈社会主义平等,还需要注意区别一些不全面的观点。首先,平等不是同等。由于自然原因,人先天遗传不同,从生物意义上讲就是"生而不平等",在社会生活里存在许多差异。比如男女平等,绝不是说男女同等。如果不考虑人的这种自然差异,而是对每个人都使用"同等或一样的尺度",那么人类社会会变成"物竞天择,优胜劣汰"的丛林社会。只有通过差别对待而不是同等对待的原则,使得社会的弱者得到补偿,解决因先天或者后天因素造成的财富、地位不平等问题,从而更大可能地实现在社会领域的真正平等。其次,平等不是平均。我国在社会主义建设初期,一度按照平均主义的做法来实践社会主义平等原则,推行"人民公社""大锅饭",使得劳动者的生产积极性下降导致效率降低,"人民公社"也难以维系下去。社会

---

① 《马克思恩格斯选集》第3卷,北京:人民出版社,1995年,第444页。
② 《马克思恩格斯选集》第3卷,北京:人民出版社,1995年,第448页。

主义按劳分配原则本质上还是以劳动为尺度差别对待劳动成果分配,而不是平均分配。最后,平等也不是公平。平等是公平的基础,但是平等并不一定导致公平。比如在我国,高考面前人人平等,但是由于各地教育资源的不均衡分配,每个考生的起点其实是不平等的。国家出台向边远地区、少数民族地区的考生予以优惠的政策,这种优惠政策在本质上是不平等的,但在实际上却成为实现公平的手段。

二、平等的价值

首先,平等是社会主义的本质要求。马克思、恩格斯在《共产党宣言》里指出共产主义运动的根本目标在于消灭阶级,消灭剥削,使社会摆脱和超越资本主义制度广泛而巨大的不平等现象,实现公有制和无产阶级当家作主。因此,科学社会主义在诞生之始就将平等作为社会主义的本质要求。在中国特色社会主义建设过程中,邓小平指出:"社会主义的本质是解放生产力,发展生产力,消灭剥削,消除两极分化,最终达到共同富裕。"党的十八大也提出,"努力营造公平的社会环境,保证人民平等参与、平等发展权利"。由此可见,从科学社会主义理论提出到我国社会主义实践,平等始终是社会主义内在的本质要求。

其次,平等是保证人民当家作主,推动社会和谐的要求。历史唯物主义认为,人民是推动社会发展的决定力量。社会主义民主政治的本质和核心是人民当家作主。党的十八大强调要坚持人民主体地位,并指出中国特色社会主义是亿万人民自己的事业。发扬人民民主,要求广大人民拥有平等的政治权利和社会地位。只有切实维护人民群众平等的政治权利和社会地位,才能更好地激发人民群众建设中国特色社会主义的积极性。也只有积极推进平等建设,缩小社会不平等差距,才能促进社会稳定与和谐。

再次,平等是完善中国特色社会主义市场经济体制和实现共同富裕的要求。只有确保中国特色社会主义市场经济参与主体享有平等的权利、机会和地位,无论对国有企业还是对民营企业一视同仁,建立公平的竞争机制,才能形成健康良好的市场机制,激发市场主体的积极性和创造性,才能为社会主义市场经济发展提供源源不断的动力。而只有社会主义经济持续不断的健康发展,才能为实现共同富裕创造坚实的物质基础。

促进平等是实现社会公正的必经之路,也是实现中国梦的客观要求。平等是公正的基础,巨大的不平等往往使得公正成为泡影。党的十九大指出,中国特色社会主义新时代的主要矛盾是人民日益增长的美好生活需要和不平衡不充分的发展之间的矛盾。我国社会现阶段发展不平衡表现在城乡之间、地区之间、行业之间、居民之间的收入差距较大,这已成为阻碍社会公平正义的重要因素。消除两极分化,使广大群众能平等地享有社会发展成果,是实现社会公平正义的必要手段。推进均衡充分发展,促进平等,凝聚全国人民共同力量,是实现中华民族伟大复兴中国梦的客观要求。

三、我国"平等"的发展成就与存在的问题

新中国成立后,中国共产党领导人民进行社会主义三大改造,确立了社会主义制度,为实现平等提供了坚实的制度基础和广阔的发展前景:首先,建立了社会主义公有制经济和按劳分配的社会主义分配制度。这从根本上消灭了人剥削人、人压迫人的不平等现象。其次,建立人民当家作主的政治制度,以法律的形式确立了所有公民的平等地位,切实保证公民平等地享有政治、经济、文化、教育等方面的权利和机会。《中华人民共和国宪法》中体现出充分的平等意识:第四条"中华人民共和国各民族一律平等。国家保障各少数民族的合法的权利和利益,维护和发展各民族的平等、团结、互助关系",明确民族平等;第三十三条"中华人民共和国公民在法律面前一律平等",明确法律平等;第四十八条"中华人民共和国妇女在政治的、经济的、文化的、社会的和家庭的生活等各方面享有同男子平等的权利",明确男女平等。

改革开放开启了中国特色社会主义建设道路。在邓小平理论的指导下,以经济建设为中心,坚持效率优先、兼顾公平,允许一部分地区、一部分人先富起来,带动和帮助后富,逐步实现共同富裕。生产力获得极大解放和发展,经济总量大幅度提升,人民生活水平明显提高,为平等的实现奠定了

物质基础。面对发展中产生的不平等,在"三个代表"重要思想、科学发展观和新时代中国特色社会主义思想的指导下,渐进、系统和全面促进平等,并取得了一系列显著成果。

(1)缩小城乡差距。20世纪90年代,党中央、国务院在国家财力有限的情况下,通过7年的扶贫攻坚,基本解决了全国农村贫困人口的温饱问题。党的十六届五中全会提出了建设社会主义新农村的重大历史任务,从此"三农"问题成为党和国家工作的重中之重。通过在农村地区全面启动公路改造、电力设施建设、农产品市场建设等工程,以及加强农村义务教育和医疗保障、建立农村最低生活保障制度等措施,提高了农村发展水平和农民的生活水平。党的十八大又提出全面建成小康社会,投入大量人力财力进行扶贫脱贫工作。

(2)促进区域平等发展。90年代末党中央提出了"西部大开发"战略,西部地区得到快速发展。十六大后,党中央继续深入推进西部大开发,并全面振兴东北地区等老工业基地,大力促进中部地区崛起,积极缩小区域发展差距。

(3)推动民生建设,改善公共服务,促进人民平等享有发展成果。十六大以来,在科学发展观的指导下,党和政府对民生建设的投入不断加大,不断完善社会保障体系,提高公共服务均等化水平。十八大之后,以习近平同志为核心的党中央统筹推进"五位一体"总体布局,协调推进"四个全面"战略布局,不断增进人民群众的获得感。

不可否认,尽管党和政府坚定不移推动社会平等,也取得显著成绩,但实现平等的道路还很漫长。一则实现平等本身就是一个渐进的从不平等到相对平等、从相对平等到更平等的没有终点的长期过程,二则我国社会主义初级阶段的国情决定了"消灭剥削,消除两极分化,最终达到共同富裕"是长期目标。当前我国社会中仍然存在大量的不平等现象,不平等的矛盾和焦点主要集中于机会平等和结果平等。例如城乡不平等、男女不平等、居民收入不平等、教育机会不平等……其中贫富分化带来的不平等是影响社会稳定和引发人民不满的现实问题,急需党和政府花大力气来解决。

四、促进平等的原则和途径

"平等的逻辑总是无奈地碰上不平等的残酷现实",也正是现实的大量不平等激发人类不断追求更平等的社会制度,推动人类社会进步。平等不能仅仅只在我们的理念中闪耀,它必须被付诸实践,在经济、政治、社会生活领域得到实施。当代中国人民追求"中国梦",中华民族伟大复兴必然包含建设一个平等的社会。为人民服务的中国党和政府必然为克服不平等而努力。促进平等,我们需要遵循社会发展的客观规律,根据实际情况分阶段、分步骤予以实现。做到既尽力而为,又量力而行,才能最大限度地消除差距,实现平等。

根据国情,当下促进平等的主要途径有以下几个方面:

首先,解放和发展生产力依旧是促进平等的基本路径。当前我国依然处于社会主义初级阶段,发展不平衡和不充分是带来不平等问题的重要根源。我们要坚持发展仍是解决我国所有问题的关键这一重大战略判断,在中国特色社会主义思想指导下,积极推进平衡、充分发展,让广大人民群众更多分享发展成果。

其次,切实推进全面依法治国,加强法治建设。法治是实现平等的制度保证。人民平等的政治地位和社会地位是需要法治而不仅仅是法律来保障的。法律必须落到实处,而不仅仅是写在纸上,这关键在于党和政府。党和政府必须做到依法治理国家,切实落实"法律面前人人平等",消除凌驾于法律之上的特权。

再次,积极推动教育服务均等化,避免阶层固化。教育是人踏上社会的起点,保证每个人受教育的平等意味着保障每个人的社会起点平等。可以说,受教育的平等是其他社会平等的基础。一方面,教育能提升个人素质和能力,进而提高个人对平等追求的能力;另一方面,"知识改变命运",社会底层贫困家庭的孩子可以通过受教育变为社会的精英阶层,促进社会阶层的流动,就可以在一定程度上割断不平等的代际遗传。

最后,积极推动公共产品供给,广覆盖兜底消解不平等。公共产品既包括公共设施也包括公共服务,其最大特点是非排他性,也就是人民可以平等享受公共产品。通过实现公共产品的平等性来降低人民的不平等感,具有实质推进平等和心理推进平等的双重效果。

1959年10月26日刘少奇接见时传祥

1959年10月26日,国家主席刘少奇等党和国家领导人亲切接见了来自全国各条战线的劳动模范,刘少奇的手和掏粪工人时传祥的手紧紧握在一起。

1959年10月26日,全国工业、交通运输、基本建设和财贸方面社会主义建设先进集体和先进生产者代表大会在北京人民大会堂举行。由于参加会议的都是各条战线的劳动模范,人们形象地称之为"群英会"。

会议开幕第一天,国家主席刘少奇和全国人大常委会委员长朱德、国务院总理周恩来等党和国家领导人,亲切接见了参加大会的部分代表。

刘少奇走到一位身穿劳动服的工人面前,一把握住对方结满厚茧的手,脱口而出:"你是老时吧!"

被刘少奇称作"老时"的时传祥是北京市崇文区清洁队掏粪工,他万万没想到,国家主席竟能一眼认出他来。时传祥在旧社会掏过20多年大粪。在当时,这是个被人瞧不起的行业。解放后,劳动人民成了国家的主人。时传祥以"宁愿一身脏,换来万户净"的精神努力工作,赢得了全社会的尊敬。他光荣地加入了中国共产党,并且作为北京市的劳动模范参加了全国"群英会"。

时传祥向刘少奇介绍了清洁工人的情况。他说:我们现在的生活过得挺好。过去用轱辘粪车一车车推,平均每人一天背8桶粪。现在改用汽车运,工作效率提高了,平均每人一天背93桶半。大家并不满足,还要为社会主义多出几把力呢。

当刘少奇知道时传祥只识二三百个字,连名字还写不好时,他语重心长地说:老时啊!一个先进生产者,一个共产党员,光工作好还不行,各方面都应该好。我们的事业越来越发展了,没有文化哪行?我都这么大年纪了,现在还学习呢!你才45岁,时间还不晚,以后要好好学习,阴历年的时候给我写封信。

刘少奇把自己的英雄牌金笔送给了时传祥,并诚挚地说:你掏大粪是人民勤务员,我当主席也是人民勤务员,这只是革命分工不同,都是革命事业不可缺少的一部分。

1960年元旦前夕,刘少奇果然收到了时传祥给他写来的信。

这是"群英会"上的一段插曲,也是一首社会主义的时代颂歌。

(资料来源:中国共产党新闻网,2016年10月26日。)

【点评】刘少奇主席和掏粪工人时传祥握手,并强调和时传祥同志一样是人民勤务员,体现了新中国对劳动人民的尊敬,赋予劳动人民政治平等地位。

不忘心中的梁家河

1969年初,15岁的习近平来到陕西省延川县梁家河村,直到1975年10月离开。在这7年上山下乡的艰苦生活里,从不会做饭、不会干农活的普通知青,到乡亲们眼里能吃苦、爱读书的好后生,再到为群众办好事、干实事的大队支书,习近平得到了受益终生的东西。他说:"我永远不会忘记梁家河,永远不会忘记父老乡亲,永远不会忘记老区人民。"

在"恰同学少年"的宝贵青春年华里,很多人都曾有过拼搏奋斗的足迹,心中都淌着一条梁家河。这条河或是一张刻着"早"字的书桌,见证着"少年辛苦终身事,莫向光阴惰寸功"的寒窗苦读;或是一捧带着家乡晨露的泥土,遥寄着"举头望明月,低头思故乡"的不解乡愁;也可能是一摞沾满泥土味的民情日记,记录着"济困扶贫挥雨露,走村串户历山川"的辛勤脚步。

这一条条河流,满载鲜活的故事,寄托着不舍的牵挂。它们不光是地图上一个简单的坐标、生命中一段曾经的岁月,更是党员干部宗旨意识扎根生长的地方,是为民造福的初心萌芽的地方,是"我人生第一步所学到的都是在梁家河。不要小看梁家河,这是有大学问的地方"。

心在哪里安放,人就会在哪里绽放。这种"梁家河"情怀也蕴含着广大人民群众对党员干部的情感与希冀,是检验党性修养、信仰初心的试金石。"草帽书记"杨善洲退休后,主动放弃进省城安享晚年的机会,扎根大山义务植树造林,他说:"入党时我们都向党宣过誓,干革命要干到脚直眼闭。""两弹一星"功勋科学家孙家栋,一直把"让中国航天的触角能够伸向更加遥远的太空"作为自己的梦想,耄耋之年仍然奔走在发射场,一年要穿破几双布鞋。电磁弹射器发明人马伟明始终信奉"我们从不仿造,我们做的都是原创"的职业信条,为给新型潜艇造"中国心",每一年春节都是在实验室度过的。

人生的脚步一直在路上,任何时候都不能忘记那一颗初心。有诗人这样告诫世人:"我们已经走得太远,以至于忘记了为什么而出发。"好比"在山泉水清,出山泉水浊",有的党员干部在握有一定权力之后,欲望也便潜滋暗长,在名利浮华中背离了初衷,忘记了自己是农民的儿子、人民的公仆,远离了心中的梁家河。

党员干部与心中的梁家河距离有多近,党和国家的凝聚力就有多强。一个党员干部能否得到群众的支持与拥戴,不在于其工作时间的长短,而在于其历经沧桑仍怀有赤子之心,仍怀有对人民群众的深厚感情。习近平说:"当年,我人走了,但我把心留在了这里。"这些年来,梁家河的乡亲也一直记得那个"架子车拉得倒好哩""干活从不撒尖儿"的好后生,那个带领村民打淤地坝、建沼气池、修梯田、办沼气的大队支部书记。

路遥在《平凡的世界》中写道:"细想过来,每个人的生活也同样是一个世界。即使是最平凡的人,也要为他那个世界的存在而战斗。"愿每一名党员干部心中都有一条深藏心间的梁家河,不忘本色、本来、本源、本根,一直为心中的世界和梦想而战斗。

(资料来源:《人民日报》,2017年2月28日。)

【点评】 习近平总书记对梁家河老区人民的眷恋是不忘本的表现,也是把人民群众看作平等主体进行交往的范例。我们党员干部不能手里有点权力就高高在上,割裂与人民群众的平等关系。

雪域高原暖风吹

自1951年中央人民政府和西藏地方政府签订关于和平解放西藏办法的协议以来,西藏经过民主改革,废除了残酷落后的封建农奴制度,建立起社会主义制度,实现了西藏划时代的变革。60年来,西藏全面实行民族区域自治制度,经济社会实现跨越式发展,城乡面貌发生了翻天覆地的变化。这些成绩的取得,得益于中央政府在西藏实行的一整套行之有效的方针政策。

经济政策加快西藏跨越式发展

西藏的人民生活逐步改善,社会主义建设是在旧西藏政教合一的封建农奴制基础上起步的,起点低、条件差,针对这些特殊情况,60年来,中央对西藏的社会经济发展给予了特别的关怀,出台了一系列政策措施,在人力、物力、财力、技术等方面都给予了大力扶持和特殊照顾。

西藏和平解放之初,为满足西藏人民生产、生活资料的需求,国家在运输距离长、运输条件十分困难的情况下,每年调集大批物资进藏。1955年3月《中共中央关于西藏金融贸易工作几项措施的批复》强调,对促进西藏经济发展要采取特殊政策。1959年至1991年间,从内地共调进粮食138.8万吨,石油成品油281.5万吨和价值45.8亿元的各类工业品,各类进藏物资总重量1000多万吨;1955年3月《国务院关于帮助西藏地方进行建设事项的决定》中,作出在拉萨建立一座设备较为完善的水力发电厂、在拉萨市和日喀则市各修一条碎石路面等8项具体决定,支援西藏的基础设施建设。

为增强西藏经济的内部活力,加快西藏经济建设步伐,国家在西藏实行一系列比内地优惠得多的经济政策和灵活措施。1980年后,西藏农牧区实行以家庭经营为主的多种经营方式,"土地归户使用,自主经营,长期不变"。同时,对农牧民免征工商税。农牧民个人和集体上市出售、交换农牧副和手工业产品,一律不收税。在对外开放方面,国家对西藏实行了比其他地区更为优惠的办法,外贸出口享受全部外汇留成,允许西藏在内地转销一般性进口商品。

援藏是促进西藏跨越式发展的有力措施。早在1983年,中央组织部、劳动人事部就下发了关于为西藏选派专业技术干部的通知,要求从中央国家机关和各地选派一批专业技术干部去西藏工作;1984年中央第二次西藏工作座谈会决定,由国家投资4.8亿元、全国9个省(市)帮助西藏建设包括电站、旅馆、学校、医院、文化中心和中小型企业在内的43项西藏迫切需要的中小型工程项目;1994年,中央召开第三次西藏工作座谈会,作出了中央各部门和15个省市对口援藏的重大决策,开创了全国支援西藏的新局面。会议决定由国家投资23.8亿元,同时动员全国支援西藏兴建62个项目;2001年,中央第四次西藏工作座谈会决定将对口支援西藏工作在原定10年的基础上再延长10年,共有59个中央国家机关、全国18个省市和17家中央企业对口支援西藏建设,其他省和自治区也参与其中,使对口援藏覆盖到西藏所有地市和74个县市区;中央第五次西藏工作座谈会更进一步明确,对口支援各省市区每年拿出地方可支配收入的千分之一来支持西藏,各地各部门援藏力度不断加大。

建设青藏铁路是中央在新世纪之初作出的战略决策,是西部大开发的标志性工程。青藏铁路是世界上海拔最高、线路最长、施工难度最大的高原铁路。工程于2001年6月29日开工,2006年7月1日开始客运试运行,结束了西藏没有铁路的历史。青藏铁路的建成通车,促进了人流、物流、资金流、信息流的便捷流动,对青、藏两省区特别是沿线藏区的发展产生了直接、巨大的拉动效应。

民生政策极大提高各族群众生活水平

改革开放以来,为了促进西藏社会事业的发展,中央和自治区相继出台了一系列针对性强、覆盖面广、受益人群众多的财政补助政策。截至2010年6月,在西藏已出台实施的各类财政补助政策共计75项,这些政策有力促进了西藏经济社会更好更快地发展。

2003年7月,国家在西藏自治区全面推行以免费医疗为基础的农牧区医疗制度,使西藏百万农牧民的医疗条件得到显著改善。至"十一五"末,西藏农牧区医疗补助标准已从"十五"末的年人均80元提高到年人均180元,农牧民人人享受免费医疗。2010年,农牧区医疗制度统筹基金最高支付限额已提高到农牧民人均纯收入的6倍以上。"十一五"期间,国家和西藏自治区用于农牧民免费医疗的经费达17亿多元。

2009年11月,经国务院新农保试点工作领导小组批准,拉萨市城关区、山南地区扎囊县等7个县(市、区)被列为西藏第一批新农保试点县。2010年6月,尚未纳入新农保试点的66个县被全部列入扩大试点县范围。截至2010年底,新型农村社会养老保险制度实现了全区全覆盖,涉及农业人口221万人。

"三包"政策是中央给予西藏的一项特殊优惠政策。从1985年开始,西藏在农牧区实行以寄宿制为主的中小学校办学模式,并对义务教育阶段的农牧民子女实行包吃、包住、包学习费用的"三包"政策。西藏"三包"经费标准经历数次提高,2011年提高到2000元,"十二五"末期将达到3000元,边境地区学生补助将会更高。

2006年起,在中央财政的支持下,西藏实施了以农房改造、游牧民定居和扶贫搬迁为重点的农牧民安居工程,对改善住房条件的农牧民予以补助。截至目前,安居工程累计投入资金170亿元,使全区住房条件比较差的27.5万户、143万农牧民住上了安全适用的房屋。

宗教政策充分尊重藏族群众信教自由

60年来,中央专门制定了多项政策,促进西藏宗教事业稳定发展,充分保障各族群众的宗教信仰自由。

在西藏实行的民族区域自治制度,保障了西藏人民享有充分的宗教信仰自由权利。中央政府先后将西藏的布达拉宫、大昭寺、扎什伦布寺、哲蚌寺、色拉寺、萨迦寺等著名宗教活动场所列为重点文物保护单位,每年都拨出专款用于寺庙的维修、修复和保护。资料显示,20世纪80—90年代,国家共投资3亿多元帮助西藏修复开放了1400多座寺庙。其中,从1989年到1994年,国家拨出5500万元和大量黄金、白银等物资,对布达拉宫进行了第一次大规模维修。而2002年实施的包括布达拉宫二期维修在内的三大文物维修工程,历时7年,总投资达到了3.8亿元。2008年起,国家又投入5.7亿元实施"十一五"文物维修保护工程,至此国家对西藏文物维修的总投入已近13亿元。

目前，西藏自治区共有藏传佛教寺庙 1700 多处，住寺僧尼 4.6 万余人。此外，西藏还有部分群众信仰伊斯兰教和天主教。在国家宪法和法律的保护下，各种宗教活动在西藏正常进行，信教群众的宗教需求得到充分满足，信教自由得到充分尊重。

活佛转世制度是藏传佛教特有的传承方式，得到了国家和西藏自治区各级政府的尊重。1992 年，国务院宗教局批准了第十七世噶玛巴活佛的继任；1995 年，西藏自治区按照宗教仪轨和历史定制，经过金瓶掣签，报请国务院批准，完成了第十世班禅转世灵童的寻访、认定以及第十一世班禅的册立和坐床。西藏民主改革后，经过国家和西藏自治区批准继任的活佛共 30 余位。

此外，国家在北京开办了中国藏语系高级佛学院，专门培养藏传佛教的高级人才，还建立了藏传佛教学衔工作指导委员会，确立了藏传佛教的学衔制度。截至 2010 年，中国藏语系高级佛学院已授予 66 名学员"拓然巴"高级学衔。

文化政策使西藏优秀文化得以传承

西藏和平解放特别是民主改革后，国家十分重视保护西藏优秀传统文化工作，专门制定了一系列政策法规和制度，采取了积极有效的措施，保护西藏的优秀文化遗产。

新中国成立以后，国家先后成立了设有藏语语文教学、藏学研究职能的中国科学院民族研究所、中央民族学院以及西南、西北、青海和西藏等民族学院，为国家培养了大批藏学人才。1982 年，西藏社会科学院成立；1986 年，中国藏学研究中心在北京成立，藏学研究进入了一个快速、稳定的发展轨道。

国家高度重视藏语文的学习、使用和发展，切实保障藏民族使用和发展本民族语言文字的自由。1997 年，藏文编码形成了国家标准和国际标准，藏文成为中国第一个具有国际标准的少数民族文字。古老的藏医藏药在继承中发展，藏医药已列为西藏自治区着力扶持发展的支柱产业。对西藏民族民间文化遗产进行大规模、有系统的普查、收集、整理、研究和编辑出版工作正在加紧进行。近年来,西藏自治区每年出版的藏文图书都在100种以上,发行数十万册。随着对外开放的扩大,西藏文化日益走出高原,参与国际交流,向世界人民展示其独特的魅力。

过去5年,国家和自治区先后投入3000多万元资金,专项保护西藏非遗代表作,其中九成以上的经费来源于中央投入,且投入经费在逐年递增,保护力度不断加大。截至目前,西藏的藏戏和《格萨尔王传》2项进入联合国人类非物质文化遗产代表作。此外,西藏还有76项国家级非物质文化遗产代表作、53位国家级非物质文化遗产代表性继承人。

环保政策保护西藏独特的生态环境

1951年西藏和平解放之初,为了揭开青藏高原的奥秘,促进西藏的社会进步与发展,中央人民政府组织"政务院西藏工作队",对西藏的土地、森林、草场、水利和矿产资源进行考察和评价,提出了科学开发利用的意见,从而开启了科学认识、利用和保护西藏生态环境的进程。此后,西藏生态建设和环境保护随着西藏现代化建设的发展而得到发展。

国务院于1998年和2000年制定的《全国生态环境建设规划》和《全国生态环境保护纲要》,对西藏的生态建设和环境保护工作给予了高度重视,将青藏高原冻融区列为全国八大生态建设区之一,进行专门规划,提出明确的建设任务和建设原则。据此,西藏自治区人民政府于2000年制订了《西藏自治区生态环境建设规划》,对西藏的生态环境建设进行全面规划和部署。

国家实施西部大开发战略后,中央于2001年召开第四次西藏工作座谈会,进一步加大了对西藏生态建设和环境保护的投资力度,西藏从实现可持续发展的角度出发,明确把发展旅游、绿色农业等作为推动地区经济增长的支柱产业。仅"十一五"期间,西藏自治区用于生态建设和环境保护的资金就达101亿元,是"十五"期间的3倍多。

"十一五"期间,国家在西藏率先启动了草原生态保护奖励机制试点,建立了森林生态效益补偿制度,全区1.5亿多亩公益林全部纳入补偿范围,生态保护与建设长效机制初步形成。国家总投资达155亿元的"西藏生态安全屏障保护与建设"项目已落实投资25亿元,3大类10项工程得到全面实施。

在青藏铁路的建设过程中,为有效保护生态环境,在全国首次实行了全线环保监管制度,用于环保工程的投资占到青藏铁路总投资的4.7%,这在中国铁路建设史上是绝无仅有的。在线路选择上,青藏铁路尽量避开野生动物栖息、活动的重点区域,通过修建涵洞、隧道、桥梁等措施,最大程度地保证铁路沿线野生动物的正常活动。

(资料来源:新华网,2011年5月22日。)

【点评】处于雪域高原的西藏自治区既是民族自治区又是经济发展相对落后地区,也是全国唯一的省级集中连片贫困地区和深度贫困地区。中央政府对西藏的援助既涉及缩小民族差距,实现民族平等,又涉及缩小地区差距,实现地区平等。中央政府和全国人民长期以来积极支持西藏发展,促进了西藏人民生活水平的提高,这也是中国特色社会主义道路践行平等价值观的重要体现。

在纪念联合国第四次世界妇女大会10周年
会议开幕式上的讲话(节选)

胡锦涛

今年是联合国成立60周年。我们高兴地看到,联合国自成立以来,在提高妇女地位、促进性别平等、推动世界妇女事业发展方面进行了不懈努力,作出了重要贡献。1975年以来,联合国先后举行四次世界妇女大会,对世界妇女事业产生了积极而深远的影响。世纪之交的2000年,联合国又召开了妇女问题特别联大,促请各国政府和社会各界履行对提高妇女地位所作的积极承诺。同一年,联合国千年首脑会议签署《千年宣言》,把促进性别平等、赋予妇女权利列为千年发展目标的重要内容。在联合国推动下,《北京宣言》和《行动纲领》宣示的重要精神,在各国政府的规划和行动中日益得到体现,促进性别平等的观念逐步纳入各国政府的决策之中,促进妇女事业发展的各种机制应运而生,各国妇女的生存条件、发展权利和社会地位得到不同程度的改善和提高,男女平等在全球范围内得到了普遍关注和重视。人们越来越深刻地认识到,妇女问题与全球政治、经济、文化、社会发展是紧密联系的。以行动谋求平等、发展与和平,是全球妇女的心声,也是各国人民的共同愿望、国际社会的共同追求。

中国始终高度重视发挥妇女作用,积极推动妇女事业发展。中国明确把男女平等作为一项基本国策,表明了中国促进性别平等、保障妇女权益的坚定决心。10年来,中国恪守《北京宣言》和《行动纲领》的宗旨,制定并实施了《中国妇女发展纲要》,把妇女发展的目标任务纳入了国家经济社会发展的总体规划,建立健全了促进妇女发展、保障妇女权益的法律法规体系、工作体系、组织体系,建立了国家促进性别平等的有效机制,形成了全社会共同关心支持妇女事业的良好格局。

中国注重保障妇女在政治、经济、文化、社会和家庭生活等方面享有同男子平等的权利,不断促进妇女全面发展;注重发挥妇女在国家政治生活中的作用,妇女参与民主选举、民主决策、民主管理、民主监督的水平不断提高;注重推进男女平等就业,妇女就业机会增加、就业结构趋于合理;注重缩小两性受教育水平的差距,女性的文化素质整体上明显提高;注重加强保障妇女权益的立法、执法、司法工作,坚决维护妇女合法权益;注重关心妇女的健康和生活,农村贫困妇女数量显著减少,城镇低收入妇女得到有效救助,妇女的健康素质和生活质量不断提高。

同时,我们清醒地认识到,由于中国是一个有13亿人口的发展中国家,生产力发展水平和教育文化水平还不高,中国妇女的生存、发展、权益保障需要进一步改善,中国妇女在参政、就业、教育及婚姻家庭等领域的平等权利需要进一步落实,消除侵犯妇女权益的现象也需要进一步加强。中国将在推进经济社会发展的同时,采取更加有效的政策,开展更加深入的工作,积极解决存在的问题,不断取得新的切实的成效。

进入21世纪,我们明确了在本世纪头20年全面建设小康社会的宏伟目标,强调要坚持以人为本、全面协调可持续的科学发展观,推动社会主义物质文明、政治文明、精神文明与和谐社会建设全面发展,进一步实现好、维护好、发展好最广大人民的根本利益。这既对中国妇女事业发展提出了新的要求,也提供了更加有利的环境、更多的机会和更加丰富的资源。中国妇女事业正面临着加快发展的光明前景。

我们将坚持贯彻男女平等的基本国策,不断促进性别平等和两性和谐发展。我们将继续运用经济、法律、行政及舆论等多种措施,使男女平等的基本国策真正落实到经济社会发展的各个领域和社会生活的各个方面。我们将充分关注妇女发展中的不平衡、不充分、不和谐现象,抓住脱贫、就业、教育、健康等重点领域和重点问题,加大政策支持力度,充分保障妇女的合法权益,不断提高妇女自身发展的能力。

我们将坚持落实科学发展观,在推动经济社会发展的进程中促进妇女事业发展。妇女问题,从本质上说是发展问题,也必须通过发展才能得到解决。我们将坚持把最广大人民的根本利益作为各项工作的根本出发点和落脚点,使发展的成果惠及包括广大妇女在内的全体中国人民。我们将采取切实有效的措施,逐步缩小男女两性在发展资源占有和发展收益分配上的差距,充分调动广大妇女的积极性、主动性、创造性,支持妇女投身中国发展的伟大实践,以自己的智慧和劳动创造美好生活、推动社会进步。

我们将坚持加强国际交流合作,共同推进世界妇女事业。提高妇女的地位和作用,需要各国政府和人民不懈努力,也需要开展积极的国际合作。长期以来,中国妇女事业发展得到了国际社会关注和支持,而中国妇女事业发展也促进了世界妇女事业发展。中国将本着相互尊重、求同存异、加强协作的原则,积极参与妇女领域的国际活动。中国将一如既往地秉承第四次世界妇女大会的宗旨,为全面实施《北京宣言》、《行动纲领》和千年发展目标而继续努力。

当今世界,和平、发展、合作已经成为不可阻挡的时代潮流,为包括妇女发展在内的人类发展进步提供了难得机遇。同时,我们也要看到,影响世界和平与发展的不稳定不确定因素依然存在,局部冲突时起时伏,南北差距拉大,跨国犯罪、环境恶化、重大传染性疾病等问题日趋严重。这一切,对人类和平与发展的崇高事业提出了严峻挑战,也制约着各国特别是发展中国家的妇女事业发展。世界妇女的命运同世界的和平与发展息息相关。各国应该加强合作,努力维护世界和平、促进共同发展,为世界妇女事业发展创造更加良好的条件。

和平是世界妇女事业发展的首要前提。妇女儿童是战争和武装冲突的最大受害者。只有在稳定、和平的环境中,妇女才能真正享受各项权利,才能实现自身的价值和发展。各国应该树立互信、互利、平等、协作的新安全观,坚持通过对话和合作解决争端,而不诉诸武力或以武力相威胁,不断为世界妇女事业发展营造和平的国际环境。

发展是世界妇女事业发展的物质基础。世界妇女事业总是伴随着人类物质文明和精神文明的发展而不断发展的。提高妇女的生活水平和质量,提高妇女的社会地位,关键是要不断推进经济社会发展。各国应该根据本国国情,制定正确的发展战略,促进经济、政治、文化、社会发展,不断为促进性别平等、保障妇女权益提供强有力的物质技术支撑。

合作是世界妇女事业发展的重要途径。团结就是力量,合作才能共赢。世界妇女事业是各国妇女和全人类的共同事业,需要世界各国妇女和人民密切合作、共同推进。各国应该严格遵循《联合国宪章》的宗旨和原则,切实贯彻世界妇女大会精神,相互尊重,平等协商,求同存异,真诚合作,共同推进世界妇女事业。

各国妇女是维护世界和平、促进共同发展的重要力量,在推进人类和平与发展的崇高事业中应该也能够大有作为。

中国将高举和平、发展、合作的旗帜,坚定不移地走和平发展道路,积极加强同国际社会的交流合作,同世界各国人民一道,继续推进世界妇女事业,造福各国妇女和世界人民。

妇女是创造人类文明的一支伟大力量。促进男女平等,保障妇女权益,关系妇女的切身利益,关系人类的创造能力的全面发挥、社会生产力的充分

解放。我们应该更加关注各国妇女对美好生活的期望和追求,尤其要关注仍处在战乱和贫困中的广大妇女的境况,给她们以真诚的关怀、实际的帮助,努力让世界所有妇女姐妹都过上安宁幸福的生活。

让我们继续发扬第四次世界妇女大会精神,共同承担促进性别平等、保障妇女权益的神圣职责,为推动世界妇女事业发展和人类文明进步不断作出新的更大的贡献!

(资料来源:人民网,2015年9月24日。)

> 我们对各民族既要平等,又要使大家繁荣。各民族繁荣是我们社会主义在民族政策上的根本立场。绝不能说这个民族是优越的,那个民族是劣等的。这种想法是完全错误的种族主义的想法。
>
> ——周恩来
>
> 只有人中人,没有人上人,也就没有人下人。
>
> ——陶行知

 社会主义的根本要求

　　我们要依法公正对待人民群众的诉求,努力让人民群众在每一个司法案件中都能感受到公平正义,决不能让不公正的审判伤害人民群众感情、损害人民群众权益。

——习近平

一、公正的含义

　　法国文学家雨果在《悲惨世界》里描写了主人公冉·阿让的悲惨际遇。他被姐姐抚养大后,一直当修剪树枝的工人,帮助穷困的姐姐抚养7个可怜的孩子。有一年冬天,他失业了,为了不让孩子饿死,他打碎面包店一块玻璃,偷了一块面包,因此被判处5年徒刑,又因为越狱被加刑至19年。在监狱里冉·阿让思考的结果是"他所受的处罚实际上并不是不公允,而肯定是不平等的"。早在中国战国时期,庄子就对"窃钩者诛,窃国者为诸侯"的不公正社会现象加以批判。可以说,没有公正,人类社会就是悲惨世界。

　　公正,在当下语境里是公平正义的缩写。公平是指衡量标准采用同一尺度,不偏袒任何一方,往往和"无私"联系在一起。中国古代思想家把天地之道看作是公平无私的,进而要求社会治理遵循天地之道,"大道之行,天下为公",实质就是要求所有人在制度面前平等。正义和价值取向联系在一

起,通常指人们按一定的伦理标准做应当做的事,社会主流伦理价值决定正义的内涵。公正从理论层面上讲是社会秩序的规则标准,公正确立了政权的合法性和正当性。在现实中,公正既表现为一种价值理念,也表现为一种制度安排;既是一种程序上的规则和标准,也是一种状态和结果。

公正作为一种社会价值,是衡量一个社会制度安排是否正当合理的重要标准。社会公正反映在包括经济、政治、法律等社会生活的各个领域、各个层次和各个方面。马克思主义认为,公正的核心是分配公正。马克思指出,各种公平主张实际上是人们对现存分配形式与自身利益关系的价值判断。换言之,社会公正的首要任务,就是对权利和义务进行合理分配,依据合理的尺度来分配权利和自由、权力和机会、收入和财富等社会资源。

历史唯物主义认为,公正是历史的、具体的和相对的。公正的内涵随着历史的发展而不断发展,没有永恒、普适的公正。首先,在阶级社会,公正观念总是一定阶级的公正观念,而一定阶级的公正观念又是该阶级现存经济关系的体现。恩格斯说,公正"始终只是现存经济关系在保守方面或其革命方面的观念化、神圣化的表现"。其次,公正是具体的。公正不是抽象的观念,而是体现社会生活的各个领域。再次,公正是相对的,它的实现程度受现实经济社会发展程度的制约。

社会主义思想是从资本主义内部诞生的,马克思、恩格斯指出,资产阶级公正观是基于符合资产阶级利益的生产资料私有制提出的,其公正的唯一尺度就在于商品经济的等价交换原则,除此之外便只有剥削和不平等。在资产阶级所谓的公正社会里,不仅没有消除有产者和无产者之间的不平等,反而凭借生产力的发展和分配的不公,使得资产者和无产者的贫富差距远远大于历史上任何一个时期,社会财富占有上99%与1%的对立时时凸显。[①] 社会主义的公正理念,是在无产阶级要求推翻资本主义私有制、消灭一切阶级和剥削的革命实践中产生的。它是对资本主义公正理念的超越,无论深度和广度都超越资本主义公正。具体而言,首先,实行生产资料公有

---

① 2011年,美国爆发"占领华尔街运动"。参与的美国大众举着"我们是99%"的标语牌,代表99%的美国人来反对1%的金融寡头。

制,保证人民群众在生产资料占有上的公平和平等,从而保障社会利益分配的起点公正。其次,实行按劳分配原则,以劳动作为统一的分配尺度,排除社会产品分配上的垄断和特权,从而保障社会利益分配的程序公正。再次,以共同富裕为发展目标,使发展成果为全体人民所共享,从而保障社会利益分配的结果公正。最后,坚持人民民主,尊重人民群众主体地位,使人民共同参与和管理国家事务,并依照体现人民意志和社会发展规律的法律治理国家,保障政治和法律的公正。

中国特色社会主义的公正理念是为人民谋幸福的公正理念。我国社会的各项制度安排是以最广大人民群众的根本利益作为出发点,并在社会发展过程中不断实现人民的愿望、满足人民不断增长的各方面需要、维护人民的根本利益。邓小平同志说过:"我们为社会主义奋斗,不但是因为社会主义有条件比资本主义更快地发展生产力,而且因为只有社会主义才能消除资本主义和其他剥削制度所必然产生的种种贪婪、腐败和不公正现象。"[①]中国特色社会主义制度从根本上改变了无产阶级和广大劳动人民的命运,这是社会主义制度优越性的集中体现。可以说,公正是社会主义区别于资本主义的本质特征,也是社会主义核心价值观中最为重要的价值。

二、公正的价值

公正是社会主义的本质要求和中国共产党的一贯主张。社会主义优越于资本主义的本质特征就在于它以"消灭剥削,消除两极分化,最终达到共同富裕"为根本要旨。马克思指出:"过去一切阶级在争得统治之后,总是使整个社会服从于它们发财致富的条件,企图以此来巩固它们已经获得的生活地位。"只有社会主义代表最广大人民群众的利益和意志,只有中国共产党把全心全意为人民谋幸福作为初心和使命,努力确保人民能够平等地享有社会发展的成果。党的十七大报告指出,"实现社会公平正义是中国共产党人的一贯主张,是发展中国特色社会主义的重大任务"。党的十八大报告提出,"公平正义是中国特色社会主义的内在要求"。十八届三中全会也强

[①] 《邓小平文选》第3卷,北京:人民出版社,1993年,第143页。

调,全面深化改革,"必须以促进社会公平正义、增进人民福祉为出发点和落脚点"。党的十九大报告提出,"在发展中补齐民生短板、促进社会公平正义,在幼有所育、学有所教、劳有所得、病有所医、老有所养、住有所居、弱有所扶上不断取得新进展"。这表明,公正是中国特色社会主义建设一贯的、重要的指导原则。中国共产党以坚持维护公正为原则,不仅要用发展来把"蛋糕"做大,而且要用公正来把"蛋糕"分好,推动发展成果更多更公平惠及全体人民。

公正是国家长治久安的基本条件。人类历史反复证明,无论任何制度和形态的国家,如果腐败横行,特权当道,公平正义得不到维护,国家就会像大厦失去根基一样,走向崩塌。"水能载舟,亦能覆舟",人心向背决定了国家和政权的稳定与否,而人心民意与公正密切联系。国家任何方面的公正缺失都会直接损害人民的利益,挫伤人心民意,消解人民对党和政府的信任。我们可以看到,当代西方强权推行颜色革命时,总是利用不公正的社会问题来煽动目标国家内部群众颠覆政权。只有坚决推动公正、坚决维护公正,切实保障人民的利益,满足人民不断增长的新需求,才能使人民对党和政府充满信心,国家才能长治久安。

公正是稳定和谐社会的必然要求。马克思主义认为,矛盾无处不在,矛盾无时不有。现代社会的多元性使得社会不同群体和个人之间不可避免会出现差异、矛盾和冲突。稳定和谐社会,就是能够协调平衡社会各种矛盾因素,使得社会保持良性运行。在缺失公正的丛林社会,如霍布斯所说,"陷入一切人对一切人的战争",社会成员中利益受损的人意图报复,得益的人则提心吊胆,人与人之间互相嫉妒、防范、猜忌、钩心斗角,矛盾和冲突随时激化,社会不能稳定,更不可能和谐。因而只有建立公正的社会秩序,社会利益得到正当合理的分配,才能化解人们的利益冲突,进而才能构建和谐的社会关系。公平正义好比太阳,当它的光芒普照社会时,就将形成稳定的社会秩序和积极的社会氛围。一个公正的社会,社会成员各得其所,安居乐业,进而推动社会和谐和稳定。

公正是实现中国梦的有力保证。中华民族伟大复兴的中国梦是伟大而艰巨的历史使命,只有而且必须依靠人民群众的智慧和力量,依靠人民群众齐心协力的奋斗和努力。缺失公正的社会没有凝聚力,人民一盘散沙,各自谋利,相互恶斗,就不能形成集体力量。只有在公正的社会环境中,人民的利益才能得到有效保证,人民的需求才能得以满足,才能形成和谐团结的社会关系。这样,才能充分发挥人民群众的积极性、主动性、创造性,不断激发社会活力和创造力,形成实现中国梦的巨大力量。

三、我国"公正"的发展成就与存在的问题

实现公正,既是社会主义的本质要求,又是中国共产党的一贯主张和追求。新中国成立后,中国共产党领导全国人民经过社会主义改造,建立起社会主义制度,为我国实现公正奠定了坚实的制度基础。改革开放以来,党领导人民走中国特色社会主义道路,大力解放和发展生产力,社会主义事业取得巨大成就。国家综合实力不断增强,经济总量稳居世界前列,人民生活水平显著提高,为实现社会公正提供了强大的物质基础和保障。

党的十六大以来,在科学发展观的指导下,我国积极推进维护社会公正,成就明显,具体成果包括:

首先,积极推进收入分配格局调整,努力缩小收入差距。国家通过一系列再分配手段和政策措施努力缩小居民收入差距,将个税起征点从2000元提到3500元,减轻了工薪阶层税负;2006年取消农业税,每年减轻农民负担约1335亿元;全面确立最低工资制度,并连续上调最低工资、基本养老金;大幅提高国家扶贫标准和城乡低保补助水平;深化企业薪酬制度改革,加强对国有企业高管薪酬的管理,对国企工资总额进行调控。这些政策在一定程度上调整了分配格局,缩小了居民收入差距。

其次,切实推进民生工程,初步建立了较为全面的社会保障体系。国家财政加大了对教育、医疗卫生、社会保障和就业、保障性住房等民生领域的投入,实现城乡全面免费义务教育,大力支持廉租住房、棚户区改造等保障性安居工程建设,初步建立起覆盖城乡居民的社会保障体系框架,并且社会保障制度仍在不断完善,覆盖人群不断扩大,保障水平持续提高。2007年我国开始城镇居民基本医疗保险试点,目前已从制度上实现了基本医疗保险对城乡居民的全覆盖。2012年,新型农村社会养老保险和城镇居民社会养

老保险基本实现全覆盖。

最后,积极统筹城乡发展,努力缩小城乡差距。全面取消了农业税、牧业税和特产税,建立农业补贴制度,千方百计促进农民收入持续增长;全面建设社会主义新农村,促进城乡一体化发展;推动户籍制度改革,部分地区已取消二元户籍制。

尽管我国政府在推进社会公正方面取得了不少成绩,但是不平衡不充分的发展使得推进公正建设任务任重而道远。从经济层面而言,城乡差距、区域差距虽然有所缩小,但与公正要求的目标依然差距不小;收入分配的两极分化格局有所改变,但没有发生质变;公平有序的市场体系尚未建立,不公正竞争依然存在。从政治层面而言,反腐败取得了巨大成果,反腐败斗争形势依然严峻复杂,从明腐转向暗腐,依旧影响社会公正;社会主义民主建设也需要加强。从法律层面来看,司法腐败得到一定程度的遏制,但司法公正还在路上。从社会层面来看,劳动人民的社会地位有待提高;代际公正、阶层流动性也有待加强,社会公正体系有待全面建设。

四、促进公正的原则和途径

现阶段,我国正处在新的历史起点。一方面,中国特色社会主义进入新时代,人民对美好生活的需求日益增长,对公平的渴望更加强烈,对公平的要求更加广泛。另一方面,我国社会主义依然处于初级阶段,"五位一体"的发展面临的矛盾和问题较之以往更加复杂、更加突出,统筹兼顾各方面利益的难度不断加大,使得社会公正问题更加现实地摆在我们面前。促进公正既要满足人民群众的需求,加强紧迫感,尽力而为;又要充分考虑国情和发展阶段,稳妥推进,量力而行。

具体来说,促进公正的途径有以下几个方面:

第一,全面发展是实现社会公正的关键。发展是解决我国一切问题的基础和关键。贫穷的公平不是正义,公正不是抽象的理念和口号,而是体现社会各方面的具体内容,物质基础是实现公平的基本条件和保障。这就要求坚持以经济建设为中心的基本路线不能动摇,推动解放和发展生产力的改革不能动摇,在生产领域有利于提高效率的举措不能动摇。全面建设公正有序的社会主义市场体系,完善市场管理依然是重要任务。

第二,继续高压反腐是实现社会公正的保障。腐败在现实层面是破坏社会公正秩序的重要源头,是滋生各种不公正现象的直接原因。在社会心理上,腐败带来的不公平感远远超过现实腐败的直接危害,它使得人民群众对社会发展的判断发生偏差,大大降低了社会成果的分享给人民群众带来的获得感。反腐的意义不仅在于健全党的肌体,更在于营造公正的社会氛围,凝聚人心,增进人民群众对党和政府的信心。继续高压反腐,加强制度建设,塑造高效清廉的公务员队伍是促进公正的切实举措。

第三,积极推进司法公正是实现社会公正的重要防线。司法部门是人们利益矛盾冲突不可调和下所依赖的公权裁决机构,是直接捍卫公正原则的国家机关。一方面继续加大对司法腐败的打击力度,另一方面全面深化司法体制改革,推进司法公正建设。

第四,加快推进民生建设,继续完善和扩大可持续的社会保障制度和体系。民生建设关系人民群众的日常生活,是美好生活的具体体现,也是发展成果人民共享的社会主义公正的具体体现。健全的社会保障体系对于促进社会公正有着重要的积极作用,它不仅能保障社会弱势群体生存和发展的基本权益,而且为人民群众参与社会主义市场竞争兜底,是发展生产力的社会基础建设。建立可持续的社会保障制度,随着社会经济发展,对应地扩大社会保障的范围,逐步实现"幼有所育、学有所教、劳有所得、病有所医、老有所养、住有所居、弱有所扶"。

第五,继续深化收入分配制度改革,建立制度完善、调控有效、比例合理、关系协调的收入分配格局。社会公正的核心在于分配公正。党的十八大报告指出,"实现发展成果由人民共享,必须深化收入分配制度改革",国务院贯彻十八大精神,陆续出台深化收入分配制度改革的相关政策,一定程度上扭转了基尼系数不断扩大的趋势,需要坚定不移继续坚持下去。

此外,在促进社会公正方面,社会民间组织和个人也能发挥积极的辅助作用。民间慈善组织、志愿者组织可以广泛弥补政府的短板,营造"我为人人,人人为我"的社会互助氛围,使得公正的阳光普照社会的每一个角落。

案例

让公平正义的阳光照进日常生产生活

如今谈及公平正义,很多都会想到那句"让人民群众在每一个司法案件中都感受到公平正义"。其实,大多数人一生都不会与司法案件沾边,但在日常生产生活中,小到排队取药,大到办厂领证,人们都会"零距离"接触到公平正义问题。公众更希望公平正义像普照的阳光,温暖日常生产生活的大事小事。8日,习近平总书记参加广西代表团审议时强调的"让人民群众在日常生产生活中都能感受到公平正义",正是顺应了人民群众对公平正义的新期待,代表了一种更值得期待的公平正义观。

经过30多年的改革实践,中国取得了举世瞩目的经济成就,大多数人也分享到改革带来的巨大红利。但不容忽视的是,户籍制度导致的"看人下菜碟"、资源分配失衡形成的收入分配不公、教育医疗等领域的公共服务占有不公等,都是滋生人们不满情绪的根源。要实现和谐稳定,就必须纾解民众的"公平焦虑"。

人民群众的日常生活需要公平正义。中国自古就有"不患寡而患不均"之说,这一理念的核心就在于对公平正义的推崇。我们不难发现,那些人民群众反映比较强烈的民生难点,核心矛盾并非都是投入不足,而是欠缺公平。在不少城市,人们抱怨教育不公,并不是说有多少孩子无学可上,而是针对优质教育资源分配不公;医疗领域也有类似问题,除了看病贵看病难,享受医疗资源权利不平等也是人们的"吐槽点"。

人民群众的日常生产更需要公平正义。在生产领域,一些民营企业仍或多或少地受到歧视,从市场准入,到税费收取,到招人进人,都存在不公之处。这种事实上的不公平遭诟病已久,也是中央领导强调"要积极推进全面依法治国,营造公平有序的经济发展法治环境"的关键原因。为促进公平正义,要用政府权力的"减法",换取市场活力的"乘法",营造各类所有制企业公平竞争的市场环境。

生产领域的不平等,还体现在劳动者权益方面。由于社会发展惯性,劳动者实质上仍有三六九等之分。同样的劳动付出,因为"体制内"和"体制外"的区别,最终待遇可能有天壤之别;至于因为户籍、社保等因素而导致的不公平、不正义,更是成为当今社会的寻常景象。在中央领导人强调人民"共同享有人生出彩的机会,共同享有梦想成真的机会,共同享有同祖国和时代一起成长与进步的机会"之际,这些不公应通过深化改革予以消除。

党的十八届三中全会将促进社会公平正义、增进人民福祉提到全面深化改革的出发点和落脚点的高度,习近平总书记首提"让人民群众在日常生产生活中都能感受到公平正义",则是对公平正义理念的进一步延展和深化。这种更加全面的公平正义观,更符合推进"四个全面"的新形势,也对国家治理提出了新的更高要求。只有进一步推进户籍制度改革、高考改革,进一步取消体制内外各种"双轨制",进一步推进收入分配改革等,建立更加公平合理的制度和规则,才能让每个人都有更公平的起点、更公平的机会。

在爬坡过坎、闯关夺隘的改革攻坚期,让公平正义像阳光一样普照每一个人,是增加民众获得感,提升公众对改革的认同度和参与度的关键,也是落实全面建成小康社会、全面深化改革、全面依法治国、全面从严治党的战略部署的关键。牢记改革的出发点和落脚点,将更全面的公平正义观贯穿于生产生活的各项改革中,促进权利公平、机会公平、规则公平,才能真正实现好、维护好、发展好最广大人民的根本利益。

(资料来源:新华每日电讯,2015年3月10日。)

【点评】许多不公正现象的存在,不仅影响人民群众的日常生活,也影响人民群众对党和政府的信心与信任,更不利于社会和谐。把公正树立为社会主义核心价值观,有利于在全面深化改革中践行公正原则,把公正带入人民群众的日常生活中。

砥砺奋进的5年向冤假错案说"不"

党的十八大以来,全国司法系统依法纠正包括聂树斌案在内的重大冤假错案34件,涉及54名当事人,引起社会各界高度关注。迟到的无罪判决,虽饱含辛酸,但令人欣慰。"我们看到了国家纠正冤假错案的决心和司法改革的成效,希望类似的悲剧不再发生。"北京京师律师事务所律师王殿学说。

如何建立起依法纠正和从严防范冤假错案的诉讼制度和工作机制,让正义不再迟到,已经成为司法界和社会各界关注的一项重大课题。

专家指出,反思近年来发现并纠正的冤假错案,都是在证据和事实认定方面出现错误,与刑讯逼供、非法取证紧密相关。为此,今年4月份,最高人民法院、最高人民检察院、公安部等部门联合下发《关于办理刑事案件严格排除非法证据若干问题的规定》,从侦查、起诉、辩护、审判等方面明确非法证据的认定标准和排除程序,切实防范冤假错案产生。

在日前召开的全国司法体制改革推进会上,中央政法委书记孟建柱高度肯定了上海、贵州应用现代科技推动刑事司法文明的实践。两地探索运用智能辅助办案系统,引导司法机关和工作人员依法、全面、规范收集、审查证据,及时发现和纠正问题,切实杜绝因证据收集、审查不全面不规范而导致冤假错案的发生。

审判是守护司法公正、防范冤假错案的重要关口。近年来,全国司法系统全面推进以审判为中心的诉讼制度改革,发挥好审判尤其是庭审在查明事实、认定证据、保护诉权、公正裁判中的重要作用,确保侦查、起诉、审判的案件事实证据经得起法律检验,最大程度防范冤假错案的产生。

2016年9月,北京、广州、西安等18个城市开展了刑事案件认罚认罪从宽制度试点工作。通过惩罚与教育相结合,促使犯罪嫌疑人、被告人如实供述犯罪事实,防范冤假错案。广州市日前举办了法律援助律师参与刑事案件认罚认罪从宽制度试点工作培训班,200多人参加培训,会场座无虚席;西安市目前成功适用认罪认罚从宽制度办理刑事案件642件,试点工作取得初步成效。

公安机关持续深化执法规范化建设,全国多地建立了命案等重大案件全程录音录像制度,促使办案人员规范取证。浙江省公安机关制订了常发、多发性案件和重大案件取证标准,完善刑事案件证据收集、固定、保存、审查等环节的工作指引,引导民警规范取证。

检察机关作为法律监督机关,既依法监督纠正确有错误的生效刑事裁判,也注重在审查逮捕、审查起诉等环节有效发挥监督制约作用。近年来监督纠正了包括张氏叔侄案、于英生案、陈满案在内的一批重大冤错案件。

今年年初,最高人民法院发布《关于推进以审判为中心的刑事诉讼制度改革的意见》。专家指出,该意见致力于解决制约公正审判的制度难题,有助于推动在刑事诉讼过程中抓源头、重制约、守底线,从根本上解决司法实践中起点错、跟着错、错到底的问题。

(资料来源:《光明日报》,2017 年 7 月 25 日。)

【点评】冤假错案是司法不公正的最直接后果。每一个冤假错案对于受害者家庭而言就是巨大灾难。司法系统纠正冤假错案并从源头上建立制度防范是推进司法公正,践行与倡导公正价值观的积极举措。

西藏自治区学生资助管理中心致高校新生们的公开信

亲爱的同学:

你好!

历经数年寒窗,你即将步入梦想中的大学校园,迎来人生的金色年华。此时此刻,你是否担心家庭经济状况无力承担自己的大学学费?我们告诉你,党和政府将助你一臂之力,为你扫除经济上的后顾之忧,不会让经济困难的枷锁束缚你追求真理和实现自我价值的翅膀,请你耐心读完这封信和《西藏自治区高校学生资助政策简介》有关内容,并把好消息告诉你的家长。

每年 6 月份,我们都印制《西藏自治区高校学生资助政策简介》和《高校学生及家庭情况调查表》,在大学录取通知书中邮寄给每一位新生。新生在了解国家资助政策后,如实填写调查表,经当地乡镇或街道民政部门核实盖章后,据此申请办理入学前和入学后的资助项目。

目前,国家和自治区出台了很多资助政策。在高等教育阶段建立起国家奖学金、国家励志奖学金、国家助学金、国家助学贷款(包括校园地国家助学贷款和生源地信用助学贷款)、国家师范生免费教育、自治区师范及农牧林水地矿类相关专业免费教育补助政策、自治区建档立卡大学生免费教育补助政策、服义务兵役国家资助、退役士兵教育资助、直招士官国家资助、高校毕业生学费补偿或国家助学贷款代偿政策(含基层就业、企业就业和自主创业)、新生入学资助项目、勤工助学、学费减免等多种形式有机结合的高校家庭经济困难学生资助政策体系。概括起来是"三不愁":一是入学前不用愁。全国大多数县(市、区)都开办了生源地信用助学贷款(西藏正在着手启动生源地信用助学贷款业务),家庭经济困难新生,可向家庭所在地县级教育部门提出申请,办理贷款用于支付学费和住宿费。中西部家庭经济特别困难的新生,还可以申请新生入学资助,用于支付入学报到的交通费及入学后短期生活费。二是入学时不用愁。入学时,家庭经济特别困难的新生如暂时筹集不齐学费和住宿费,可在开学报到的当天,通过学校开设的"绿色通道"直接报到入学,缓交学费和住宿费。三是入学后不用愁。学校对通过"绿色通道"入学的学生和申请资助的其他学生,将全面客观地进行家庭经济困难资格和程度认定,采取不同措施给予精准资助。其中解决学费、住宿费问题,以国家助学贷款为主,以国家励志奖学金等为辅;解决生活费问题,以国家助学金为主,以勤工助学等为辅。另外,如果你就读的专业属于师范及农牧林水地矿类相关专业的话,还可以获得每年6600元(含学费、住宿费和生活补助)免费教育补助资金;如果在校期间或毕业后你有意向响应国家号召应征入伍服义务兵役,或者毕业后到我区基层单位就业、到中小微企业就业以及愿意自主创业的话,只要就业或创业满三年即可将在校期间缴纳的学费或获得的国家助学贷款补偿或代偿给你。

  如你有什么问题,可以向当地市(地)级或县级教育部门的学生资助管理中心咨询,入学后可向就读高校的学生资助管理中心咨询,也可以拨打西藏自治区学生资助管理中心"热线电话"进行咨询。

  大学时光是美好的,她已打开大门期待着拥抱你们。相信,有党和政府的关怀、社会大家庭的关心、你们家人的关爱,志向高远的你一定能实现自己的大学梦想,一定能在未来的工作和生活中实现自己的人生梦想,更一定能为实现中华民族伟大复兴的中国梦贡献自己的力量。

西藏自治区学生资助管理中心
2017年8月

(资料来源:中国西藏网,2017年8月29日。)

【点评】 因为家庭贫困而不能接受高等教育是贫困地区常见的不公正现象,党和政府为了解决这个不公正问题,建立了高校家庭经济困难学生资助政策体系。西藏自治区学生资助管理中心的公开信就是落实这个公正政策的具体举措。

切实把思想统一到党的十八届三中全会精神上来(节选)①

习近平

第五,以促进社会公平正义、增进人民福祉为出发点和落脚点。改革开放以来,我国经济社会发展取得巨大成就,为促进社会公平正义提供了坚实物质基础和有利条件。同时,在我国现有发展水平上,社会上还存在大量有违公平正义的现象。特别是随着我国经济社会发展水平和人民生活水平不断提高,人民群众的公平意识、民主意识、权利意识不断增强,对社会不公问题反映越来越强烈。

中央全面审视和科学分析我国经济社会发展现状和态势,认为这个问题不抓紧解决,不仅会影响人民群众对改革开放的信心,而且会影响社会和谐稳定。党的十八大明确提出,公平正义是中国特色社会主义的内在要求;要在全体人民共同奋斗、经济社会发展的基础上,加紧建设对保障社会公平正义具有重大作用的制度,逐步建立以权利公平、机会公平、规则公平为主要内容的社会公平保障体系,努力营造公平的社会环境,保证人民平等参与、平等发展权利。

这次全会决定强调,全面深化改革必须以促进社会公平正义、增进人民福祉为出发点和落脚点。这是坚持我们党全心全意为人民服务根本宗旨的必然要求。全面深化改革必须着眼创造更加公平正义的社会环境,不断克服各种有违公平正义的现象,使改革发展成果更多更公平惠及全体人民。如果不能给老百姓带来实实在在的利益,如果不能创造更加公平的社会环境,甚至导致更多不公平,改革就失去意义,也不可能持续。

实现社会公平正义是由多种因素决定的,最主要的还是经济社会发展水平。在不同发展水平上,在不同历史时期,不同思想认识的人,不同阶层的人,对社会公平正义的认识和诉求也会不同。我们讲促进社会公平正义,就要从

---

① 节选自习近平同志在中共十八届三中全会第二次全体会议上讲话。

最广大人民根本利益出发,多从社会发展水平、从社会大局、从全体人民的角度看待和处理这个问题。我国现阶段存在的有违公平正义的现象,许多是发展中的问题,是能够通过不断发展,通过制度安排、法律规范、政策支持加以解决的。我们必须紧紧抓住经济建设这个中心,推动经济持续健康发展,进一步把"蛋糕"做大,为保障社会公平正义奠定更加坚实物质基础。

这样讲,并不是说就等着经济发展起来了再解决社会公平正义问题。一个时期有一个时期的问题,发展水平高的社会有发展水平高的问题,发展水平不高的社会有发展水平不高的问题。"蛋糕"不断做大了,同时还要把"蛋糕"分好。我国社会历来有"不患寡而患不均"的观念。我们要在不断发展的基础上尽量把促进社会公平正义的事情做好,既尽力而为、又量力而行,努力使全体人民在学有所教、劳有所得、病有所医、老有所养、住有所居上持续取得新进展。

不论处在什么发展水平上,制度都是社会公平正义的重要保证。我们要通过创新制度安排,努力克服人为因素造成的有违公平正义的现象,保证人民平等参与、平等发展权利。要把促进社会公平正义、增进人民福祉作为一面镜子,审视我们各方面体制机制和政策规定,哪里有不符合促进社会公平正义的问题,哪里就需要改革;哪个领域哪个环节问题突出,哪个领域哪个环节就是改革的重点。对由于制度安排不健全造成的有违公平正义的问题要抓紧解决,使我们的制度安排更好体现社会主义公平正义原则,更加有利于实现好、维护好、发展好最广大人民根本利益。

(资料来源:人民网,2015年7月20日。)

小贴士

> 理国要道,在于公平正直。
>
> ——(唐)房玄龄
>
> 在政府事务中,公正不仅是一种美德,而且是一种力量。
>
> ——[法]拿破仑

 社会主义治国理政的基本方式

依法治国是党领导人民治理国家的基本方略,法治是治国理政的基本方式,要更加注重发挥法治在国家治理和社会管理中的重要作用,全面推进依法治国,加快建设社会主义法治国家。

——习近平

一、法治的含义

农村法治题材电影《被告山杠爷》讲述了一个受人尊重的模范村支书山杠爷全心全意为村民办好事,采取各种方式维系村里的公序良俗。比如村里有个年轻媳妇虐待婆婆,甚至打伤了婆婆。因这位媳妇屡教不改,山杠爷下令抓了她并游街示众。这位媳妇吊死在山杠爷家门口,引发县里司法介入。最后山杠爷被公安机关逮捕,并被指控非法拘禁,侵犯了公民人身自由权。这部电影播出后引发社会的广泛思考与讨论,促进了人们对"人治"与"法治"的深入思考。

什么是"法治"?从社会层面言,就是强调法律的权威性和普遍适用性,本质上是把法律作为治理国家和社会的最高准则,任何人和机构都不得凌驾于法律之上,要求社会成员敬畏、遵循、维护法律,任何行为必须受法律约束。

西方传统中,古希腊哲学家柏拉图在《理想国》里提出"哲人王"管理国家,这其实是"人治"思想的起源,也就是国家治理依靠的是掌权者的智慧和权威,强调掌权者的绝对权力。他的弟子亚里士多德对"人治"和"法治"的优劣进行了比较,在《政治学》一书里指出,"人治"容易偏离公正,再伟大的贤人也难以完全摒除个人好恶,而"法治"则体现理性精神,更能确保公正;法律由众人审慎考虑后制定,比一个人或少数人意见具有更多的正确性;而且法律具有稳定性,人则容易朝令夕改。因而亚里士多德提倡"法治"。中国传统中有所谓儒法斗争,也就是"礼治"(德治)和"法治"的争辩,儒家主张用道德伦理规范社会秩序,通过教化维系社会等级秩序,区别对待社会成员,"刑不上大夫,礼不下庶人";法家则主张"不别亲疏,不殊贵贱,一断于法",强调法律面前人人平等,通过法制来规范社会秩序。可以看出"法治"思想源远流长。

现代资本主义国家提出的"法治"是基于资产阶级自由主义的思想基础。自由主义从个体出发,以社会契约论解释国家起源,在他们的理论里政府是侵犯个人权利和自由最大的威胁,因而提出"法治",通过法律约束政府行为,进而提倡分权,即所谓"三权分立",立法权、司法权独立来制衡政府的行政权。资本主义国家的法治往往和资产阶级宪政联系在一起,尽管体现了保护个人权利和自由的历史进步性,但本质上是维护资产阶级利益。

社会主义是建立在生产资料公有制和人民民主专政基础上的,社会主义国家的党和政府是为人民服务的,利益与广大人民群众的利益根本一致,没有任何特殊利益,与资本主义国家有本质区别。盲目照搬资本主义国家法治观念进行全盘西化是错误的。我国社会主义法治理念以马克思主义为指导,吸收借鉴古今中外法治文明的精髓,同时总结我国社会主义法治建设的实践经验,并充分考虑我国的基本国情。它包括依法治国、执法为民、公平正义、服务大局、党的领导五项内容。依法治国是社会主义法治的核心内容,执法为民是社会主义法治的本质要求,公平正义是社会主义法治的价值追求,服务大局是社会主义法治的重要使命,党的领导是社会主义法治的根本保证。这五项内容相互支持、相互补充,体现了党的领导、人民当家作主和依法治国的有机统一。

社会主义法治建设的根本目的在于实现好、维护好、发展好最广大人民群众的利益。执法为民作为社会主义法治的本质属性，既体现了人民群众的主体地位，又体现了全心全意为人民服务的执政理念，具有彻底的人民性。同时社会主义法治建立在社会主义民主政治的基础之上，要求民主立法、人民监督，实现法治与民主政治的统一。社会主义法治理念还具有鲜明的政治性。区别于资本主义国家的司法独立，服务大局作为社会主义法治的重要使命，要求社会主义法治全面服务社会主义政治、经济、文化、社会及生态文明建设。党的领导作为社会主义法治的根本保证更体现了鲜明的中国特色。依法治国、依法执政是提升党的国家治理能力的重要途径。总之，社会主义法治理念以公平正义为价值导向，以执法为民为本质要求，将法治与民主政治统一起来，目的在于真正实现运用人民赋予的权力来为人民谋利益。因此，社会主义法治理念比其他社会的法治理念具有明显的优越性。

明晰社会主义法治理念及其优越性后，我们还要明晰法治与法制、法治与德治的关系。

首先，法治与法制既相区别又相联系。一方面，法制是法律制度的简称，属于法律的体系和架构层面，而法治则是依法治理的总原则和总理念。法制只是工具，不能排除人治，无法保证法治。另一方面，法治的实现离不开法制，法治的实施必须建立在法制之上。法律制度越合理越完善，越有利于法治的实现。

其次，法治与德治既相区别又相联系。所谓德治是指以德治国，加强全社会道德建设，特别是领导干部的道德建设，规范行为，改善社会风气，这是汲取"为政以德、德主刑辅"的中华优秀传统治理文化养分。一方面，法治是以其权威性和强制手段规范社会成员的行为，德治以其说服力和劝导力提高社会成员的思想认识和道德觉悟，两者相互区别。另一方面，法治和德治相互补充、相互促进、相得益彰。法律的有效实施有赖于道德的支撑，道德的践行也离不开法律的约束。习近平同志指出："以法治承载道德理念，道德才有可靠制度支撑。法律法规要树立鲜明道德导向，弘扬美德义行，立

法、执法、司法都要体现社会主义道德要求,都要把社会主义核心价值观贯穿其中,使社会主义法治成为良法善治。"

二、法治的价值

首先,法治能够防范公权力滥用,推进国家治理现代化。权大于法是人治的一个重要特征,也是人治出问题的重要原因。法治的首要价值在于把公权力关入制度的笼子里,法治政府运行必须遵循"法定职责必须为、法无授权不可为"的原则。法治强调建立权力运行和监督体系,让权力在阳光下运行,让公权力运作有规则、有边界,从而有效防止公权力滥用,进而保障广大人民群众广泛合法权利的实现,对于释放和增强社会活力、促进社会公平正义、维护社会和谐稳定、确保国家长治久安具有重要意义。

十九大报告明确提出,全面深化改革的总目标是完善和发展中国特色社会主义制度、推进国家治理体系和治理能力现代化。社会主义法治是推进国家治理体系和治理能力现代化的必经途径,在党的领导下确保全面推进依法治国与实现国家治理体系和治理能力现代化相契合。社会主义法治对于实现政府治理和社会治理有效性起促进作用,一方面,党和国家依法对现代化建设各领域进行有效治理;另一方面,通过法治社会建设,扩大依法治理的覆盖面,实现社会治理法治化,推进国家治理能力现代化。

其次,法治是全体公民广泛合法权利的有力保障。我国宪法赋予公民广泛的基本权利,宪法是法律体系的母法,社会主义法治的核心是依法治国。因而法治要求党和政府依法保障全体公民享有广泛的权利,保障公民的人身权、财产权、基本政治权利等各项权利不受侵犯,保证公民的经济、文化、社会各方面权利得到落实;要求依法公正对待人民群众的诉求,要求审判公正。同时法治赋予公民运用法律武器捍卫自己合法权利的权利,法律面前一律平等,无论侵犯公民合法权利的主体是谁。

最后,法治是中国梦的助推器。中华民族伟大复兴的中国梦是建立在不断完善的中国特色社会主义制度基础上的,社会主义法治建设本身就是完善社会主义制度的内容。同时,社会主义法治是自由、平等和公正的重要基础和保障,它的全面实现必然带来人民群众更多的自由、平等和公正,激发人民群众的建设活力和创造力,极大推动中国梦的早日实现。

三、我国"法治"的发展成就与存在的问题

新中国成立,开启了我国法治建设的新纪元。1954年第一届全国人民代表大会第一次会议通过新中国第一部宪法,还通过《中华人民共和国全国人民代表大会组织法》《中华人民共和国国务院组织法》《中华人民共和国地方各级人民代表大会和地方各级人民政府组织法》《中华人民共和国人民法院组织法》和《中华人民共和国人民检察院组织法》等一系列法律。

1978年党的十一届三中全会提出"有法可依、有法必依、执法必严、违法必究"的社会主义法制建设16字方针。党的十四届三中全会作出建立社会主义市场经济体制的决定,第一次提出要建立和完善社会主义市场经济法律体系。党的十五大第一次把依法治国确立为党领导人民治理国家的基本方略。1999年"依法治国,建设社会主义法治国家"被写入宪法,党的十六大明确提出发展中国特色社会主义民主政治必须坚持党的领导、人民当家作主和依法治国有机统一,为推进依法治国、建设社会主义法治国家指明了正确的发展道路和前进方向。党的十七大、十八大高举社会主义法治旗帜,从科学立法、严格执法、公正司法、全民守法等法治建设的各个环节全面推进依法治国基本方略的贯彻落实。社会主义法治建设取得了巨大成就,主要体现在以下几个方面:

首先,明确了依法治国是治理国家的基本方略,法治是治国理政的基本方式。习近平同志指出,"党自身必须在宪法和法律范围内活动,真正做到党领导立法、保证执法、带头守法",这是我国法治建设的领导力量对法治的根本支持。在党的领导下,建设法治中国已经成为全社会共识。社会主义法治理念逐步形成,全社会的法律意识和法治观念普遍增强,自觉学法守法用法的社会氛围逐渐形成。

其次,中国特色社会主义法律体系已基本形成。截止到2014年9月,我国已制定现行有效法律242件、行政法规737件、地方性法规8500多件、自

治条例和单行条例800多件,涵盖我国社会关系各个方面的法律部门已经齐全,各法律部门中基本的、主要的法律已经制定,相应的行政法规和地方性法规比较完备。中国特色社会主义"五位一体"的建设已经实现有法可依。

再次,法治政府建设取得明显进展。法治政府的制度体系基本形成,体现为行政法的制定,它从总体上保证了行政立法、行政执法、行政救济与对行政行为的监督有法可依;政府行政职能进一步转变,在坚持抓好宏观调控和市场监管的同时,更加注重公共服务、社会管理和环境保护;行政权力运行得到有效规范,对行政权力的监督和行政问责明显加强,政府工作更加公开透明;行政机关公务员特别是各级领导干部依法行政的意识明显增强,能力有了提高。

最后,司法体制不断完善。优化司法机关职权配置,多管齐下促进公正廉洁司法,具体包括:改革和完善民事行政案件执行体制,建立案例指导制度,强化检察机关对公安和法院的法律监督,理顺上下级法院关系、改革审判委员会和合议庭制度,深化审判公开、检务公开、警务公开、狱务公开,人民监督员制度全面建立等;通过修改完善刑法、刑事诉讼法等重要法律,完善刑罚结构,提高对严重犯罪的惩治能力,强化人权司法保障;实行统一的国家司法考试制度,将初任法官、初任检察官、取得律师资格和担任公证员的考试纳入国家司法考试范畴;通过完善律师制度,推动律师业健康发展。

社会主义法治建设任重而道远,尽管这些年通过深化改革,取得了巨大成绩,我们也要看到法治建设仍面临许多问题:面对人民对美好生活需求的日益增长,中国特色社会主义法律体系和法律结构依然需要进一步健全和完善;法治政府尚待全面建设,地方、基层政府有待进一步提高法治意识,加强法治建设;司法腐败虽然得到遏制,司法公正尚未全面实现;全社会的法律意识和法治观念有待进一步提高,社会治理法治化有待深化等。

四、推进法治建设的原则和途径

中国特色社会主义法治建设是全面、系统而且复杂的工程,这决定法治中国的建设不可能一蹴而就,需要长期坚持;同时法治建设也不能脱离中国实际,只能根据经济社会发展状况和社会接受程度逐步推进,拿出"踏石留印、抓铁有痕"的实干精神,积极推进这项利国利民的工程。

党的十八届四中全会通过《中共中央关于全面推进依法治国若干重大问题的决定》(以下简称《决定》)。《决定》指出,全面推进依法治国,总目标是建设中国特色社会主义法治体系,建设社会主义法治国家。实现这个总目标,必须坚持以下原则:坚持中国共产党的领导,坚持人民主体地位,坚持法律面前人人平等,坚持依法治国和以德治国相结合,坚持从中国实际出发。

根据《决定》,我国推进中国特色社会主义法治建设的具体途径如下:

一是完善以宪法为核心的中国特色社会主义法律体系,包括加强宪法实施,健全宪法实施和监督制度;完善立法体制;深入推进科学立法、民主立法;加强重点领域立法。

二是深入推进依法行政,加快建设法治政府,包括依法全面履行政府职能;健全依法决策机制;深化行政执法体制改革;坚持严格规范公正文明执法;强化对行政权力的制约和监督;全面推进政务公开。

三是保证公正司法,提高司法公信力,包括完善确保依法独立公正行使审判权和检察权的制度;优化司法职权配置;推进严格司法;保障人民群众参与司法;加强人权司法保障;加强对司法活动的监督。

四是增强全民法治观念,推进法治社会建设,包括推动全社会树立法治意识;推进多层次多领域依法治理;建设完备的法律服务体系;健全依法维权和化解纠纷机制。

五是加强法治工作队伍建设,包括建设高素质法治专门队伍;加强法律服务队伍建设;创新法治人才培养机制。

六是加强和改进党对全面推进依法治国的领导,包括坚持依法执政;加强党内法规制度建设;提高党员干部法治思维和依法办事能力;推进基层治理法治化;深入推进依法治军,从严治军;依法保障"一国两制"实践和推进祖国统一;加强涉外法律工作。

案例

实行宪法宣誓制度

全国人大常委会2015年7月1日表决通过实行宪法宣誓制度的决定,誓词共70字:"我宣誓:忠于《中华人民共和国宪法》,维护宪法权威,履行法定职责,忠于祖国,忠于人民,恪尽职守,廉洁奉公,接受人民监督,为建设富强、民主、文明、和谐的社会主义国家努力奋斗!"根据这个决定,各级人民代表大会及县级以上各级人民代表大会常务委员会选举或者决定任命的国家工作人员,以及各级人民政府、人民法院、人民检察院任命的国家工作人员,在就职时应当公开进行宪法宣誓。该决定于2016年1月1日起施行。

(资料来源:《人民日报》,2015年7月2日。)

【点评】国家工作人员就职进行宪法宣誓是我国推进法治建设的一个重要举措。全面依法治国的中坚力量是各类国家工作人员,通过宣誓要求国家工作人员忠于宪法,捍卫宪法权威,从就职起点树立法治理念。

邱少云烈士人格权纠纷案

2013年5月22日,孙杰在新浪微博通过用户名为"作业本"的账号发布侮辱邱少云烈士的言论,被大量转评。2015年4月16日,加多宝公司在公关营销活动中以新浪微博账号"加多宝"与"作业本"互动,并发布与"作业本"此前言论相关的博文,在短时间内被大量转发并受到广大网友的批评,在网络引起较大反响。2016年6月30日,邱少华向北京大兴区法院提起诉讼,要求两被告立即停止侵害、消除影响、赔礼道歉,并赔偿原告精神损失费1元。2016年7月15日,大兴区法院公开开庭审理了此案,9月20日宣判,判决两被告公开赔礼道歉并赔偿精神损害抚慰金1元。

法院对上述案件作出的判决,树立了用民事诉讼程序解决意识形态领域斗争的标杆,确定了言论自由与公共利益的边界,强调英雄人物的事迹、形象和精神价值,是社会主义核心价值观的组成部分。通过司法审判,依法保护英雄人物包括去世英雄人物的合法权益,彰显社会公平正义,维护社会主义核心价值观,为今后此类案件的审理提供了示范。

(资料来源:中国法院网,2017年4月20日。)

【点评】历史虚无主义是意识形态领域斗争中的一种现象。"欲要亡其国,必先灭其史",通过各种方式重新解读历史,抹黑、攻击中国革命、建设历史中的英雄人物,否定社会主义核心价值观,搞乱人心。邱少云烈士人格权纠纷案的审理与宣判,首先,体现了法治精神,在保障言论自由的基础上通过司法诉讼确定言论自由的边界,体现了全面依法治国。其次,法院的宣判进一步弘扬了社会主义核心价值观,引导人民群众尊敬人民烈士。

从简单到完善　从单一到丰富
——汉姓藏族法官康春生眼中的西藏法治进程

康春生的取名颇有渊源。他是日喀则康马县人,故姓康;出生在1960年春寒料峭的那个元旦,故名春生。康春生的父母都是藏族人,父亲是芒康人,母亲是亚东帕里人,而他却只有这个汉族名字。

关于为什么会取这样一个名字,康春生回忆,父母刚在康马县工作那会儿,当地有很多十八军战士,对"金珠玛米"(藏语,意为解放军)的极度崇拜之情,让当地很多藏族干部争先恐后地给自己的孩子取汉族名字,康春生的父母就是其中之一。

受父母那一辈热烈纯粹的革命情怀熏陶,初中毕业后康春生选择了参军,那是1977年11月底。5年后,退伍。康春生干过萨玛达区文书、康马县政府文秘,去过党校文化补习班,从1986年调入日喀则地区中级人民法院(现日喀则市中级人民法院)当书记员,到现在任日喀则中院副院长,就再未离开过法院这个系统。所以,以一个法官的视角看这些年来西藏法制社会的进程和变化,康春生自觉是有资格的。

起步:政法"分家"后重组,工作艰难而单一

当年进入日喀则中院,康春生是以工代干的方式。两栋平房是办公区域,几栋土坯房是干部宿舍。干部职工30余人。一切还在起步的忙乱阶段。

"'文革'期间,公检法司合并办公,统一由民管会负责。大概到上世纪

70年代末,政法机关才又各自恢复重建,开始各司其职。"康春生说,自己到法院的时候,正是政法系统"分家"后各自重建职能的起步阶段。条件差、人员少、职责杂,就是当时的情况。1987年年底,康春生跟随当时的民庭庭长到白朗县巴扎乡审理一起抚养案件。当事人住在巴扎乡的一个山沟里,出发时法院用仅有的一辆吉普车把他们送到乡里,从乡到村还有十几公里的土路,康春生和庭长只得从乡里借了马往沟里赶。

到了沟里,见到了23岁的当事人——一名未婚妈妈。女孩到日喀则打工,与人同居后回家生下孩子,家里太穷,不得已把男方告到县人民法院要抚养费。白朗县人民法院判了男方每月15元的抚养费,同样穷困的男方无力支付,向日喀则中院提出上诉。

康春生他们去就是为了这个案子。几经调解,最终判男方支付每月5元的抚养费。纠纷就此平息。5元钱在20世纪80年代是什么概念呢?康春生说:"我的工资那年46元。"

在那个年代,法院审理的案子绝大多数是这种没有办理结婚证的"离婚案"、家庭矛盾纠纷案等。"现在,随着普法宣传以及民政部门的努力,广大农牧民群众结婚需办理结婚证的意识有了极大的增强,这是对自身的保护,更是对家庭的保护。"康春生说。

变化:案件数量增多,案件类型丰富

在进入法院系统的头几年,康春生经手的多是这种芝麻大的案子,一年数量也不过十几起。变化是在20世纪90年代。第三次西藏工作座谈会的召开,把发展和稳定作为西藏工作的两件大事来抓。会议精神得到了落实,发展带来了经济的快速增长和繁荣。经济发展步伐加快,映射到法院,就是案件多了起来,案件类型丰富了起来。"数量猛增。"康春生说,"光中院一年接收的案子就超过100件,与上世纪80年代相比,翻了十倍。"

合同、名誉权、著作权等新型的案件类型开始出现。最令康春生感到法治建设加快脚步的是行政案件的出现。1990年《中华人民共和国行政诉讼法》正式颁布实施,也开通了一条"民告官"之路。1995年,日喀则中院接到一起"民告官"案件。亚东县政府把当地一个林场承包给一名商人,由于承包商违法砍伐树木,县政府决定收回林场。康春生记得,当时亚东县人民法院判政府给承包商赔偿4.5万元,承包商不服、县里不愿赔,于是,双双上诉到日喀则中院。康春生那时已是民庭庭长,案子就交到他手里。"林场的承包是给了承包费,县政府突然说收回,虽然是商人违法砍伐在先,但承包费该赔偿的还是得赔偿。"康春生说。按照行政诉讼法的规定,最终判亚东县赔偿承包商6.7万元。透过这些案件的审理,康春生明显感受到法治的进步,更明显的是群众法治意识的增强。

如今:群众法治意识增强,提出更高要求

"群众法律意识提高得太快了!"康春生感叹道。有一次,康春生听到两个包工头的一段谈话。

"合同该怎么写呢?"

"从网上看,自己回去琢磨。"

"写合同,得注意哪些问题?"

"关键是把双方责任写清楚,还有违约后谁负多大责任!"

……

这两个包工头对法律的"钻研",令康春生啧啧称奇。群众快速增长的法律意识对法院工作而言,是一种鞭策,也是一种压力。在20世纪90年代以前,法院的骨干基本上是像康春生这种"半路出家"的,法律理论知识的欠缺都靠从法律实践中弥补。然而,随着群众法律意识的增强、依法行政要求的提高,一些骨干处理案件时常常感到有压力。"大概上世纪90年代初,开始陆续有正规法学院毕业的法官分配过来,与我们这些老一辈的法官恰好形成互补。"以理论促实践、以实践证理论是那个年代政法系统共有的特点和运行方式。但是,不管是案件数量的增加、案件类型的丰富还是群众法治意识的增强带来的压力,康春生从中看到的是历史车轮不断前进的有力脚步。"案件增加速度,与当地经济发展速度、群众法治意识提高的速度恰好成正比。"康春生一言所概,正是他近20年法律工作所见之精髓。

(资料来源:《人民法院报》,2015年9月9日。)

【点评】雪域高原的法治建设和全国法治建设息息相关,康春生眼里

的西藏法治进程其实也是全国法治进程的缩影。人民群众法治意识的不断增强,敢于"民告官",人民法院工作量加大都体现了法治建设带来的社会进步。用法治捍卫公平正义,推进社会和谐,是雪域高原发展的必由之路。

关于《中共中央关于全面推进依法治国若干重大问题的决定》的说明(节选)

习近平

三、关于需要说明的几个问题

第一,党的领导和依法治国的关系。党和法治的关系是法治建设的核心问题。全面推进依法治国这件大事能不能办好,最关键的是方向是不是正确、政治保证是不是坚强有力,具体讲就是要坚持党的领导,坚持中国特色社会主义制度,贯彻中国特色社会主义法治理论。党的领导是中国特色社会主义最本质的特征,是社会主义法治最根本的保证。中国特色社会主义制度是中国特色社会主义法治体系的根本制度基础,是全面推进依法治国的根本制度保障。中国特色社会主义法治理论是中国特色社会主义法治体系的理论指导和学理支撑,是全面推进依法治国的行动指南。这三个方面实质上是中国特色社会主义法治道路的核心要义,规定和确保了中国特色社会主义法治体系的制度属性和前进方向。

全会决定明确提出,坚持党的领导,是社会主义法治的根本要求,是党和国家的根本所在、命脉所在,是全国各族人民的利益所系、幸福所系,是全面推进依法治国的题中应有之义;党的领导和社会主义法治是一致的,社会主义法治必须坚持党的领导,党的领导必须依靠社会主义法治。全会决定围绕加强和改进党对全面推进依法治国的领导提出"三统一""四善于",并作出了系统部署。

把坚持党的领导、人民当家作主、依法治国有机统一起来是我国社会主义法治建设的一条基本经验。我国宪法以根本法的形式反映了党带领人民进行革命、建设、改革取得的成果,确立了在历史和人民选择中形成的中国共产党的领导地位。对这一点,要理直气壮讲、大张旗鼓讲。要向干部群众讲清楚我国社会主义法治的本质特征,做到正本清源、以正视听。

第二,全面推进依法治国的总目标。全会决定提出,全面推进依法治国,总目标是建设中国特色社会主义法治体系,建设社会主义法治国家,并对这个总目标作出了阐释:在中国共产党领导下,坚持中国特色社会主义制度,贯彻中国特色社会主义法治理论,形成完备的法律规范体系、高效的法治实施体系、严密的法治监督体系、有力的法治保障体系,形成完善的党内法规体系,坚持依法治国、依法执政、依法行政共同推进,坚持法治国家、法治政府、法治社会一体建设,实现科学立法、严格执法、公正司法、全民守法,促进国家治理体系和治理能力现代化。

提出这个总目标,既明确了全面推进依法治国的性质和方向,又突出了全面推进依法治国的工作重点和总抓手。一是向国内外鲜明宣示我们将坚定不移走中国特色社会主义法治道路。中国特色社会主义法治道路,是社会主义法治建设成就和经验的集中体现,是建设社会主义法治国家的唯一正确道路。在走什么样的法治道路问题上,必须向全社会释放正确而明确的信号,指明全面推进依法治国的正确方向,统一全党全国各族人民认识和行动。二是明确全面推进依法治国的总抓手。全面推进依法治国涉及很多方面,在实际工作中必须有一个总揽全局、牵引各方的总抓手,这个总抓手就是建设中国特色社会主义法治体系。依法治国各项工作都要围绕这个总抓手来谋划、来推进。三是建设中国特色社会主义法治体系、建设社会主义法治国家是实现国家治理体系和治理能力现代化的必然要求,也是全面深化改革的必然要求,有利于在法治轨道上推进国家治理体系和治理能力现代化,有利于在全面深化改革总体框架内全面推进依法治国各项工作,有利于在法治轨道上不断深化改革。

第三,健全宪法实施和监督制度。宪法是国家的根本法。法治权威能不能树立起来,首先要看宪法有没有权威。必须把宣传和树立宪法权威作为全面推进依法治国的重大事项抓紧抓好,切实在宪法实施和监督上下功夫。

党的十八届三中全会提出,要进一步健全宪法实施监督机制和程序,把实施宪法要求提高到一个新水平。这次全会决定进一步提出,完善全国人大及其常委会宪法监督制度,健全宪法解释程序机制;加强备案审查制度和能力建设,依法撤销和纠正违宪违法的规范性文件;将每年12月4日定为国家宪法日;在全社会普遍开展宪法教育,弘扬宪法精神。

全会决定提出建立宪法宣誓制度。这是世界上大多数有成文宪法的国家所采取的一种制度。在142个有成文宪法的国家中,规定相关国家公职人员必须宣誓拥护或效忠宪法的有97个。关于宪法宣誓的主体、内容、程序,各国做法不尽相同,一般都在有关人员开始履行职务之前或就职时举行宣誓。全会决定规定,凡经人大及其常委会选举或者决定任命的国家工作人员正式就职时公开向宪法宣誓。这样做,有利于彰显宪法权威,增强公职人员宪法观念,激励公职人员忠于和维护宪法,也有利于在全社会增强宪法意识、树立宪法权威。

第四,完善立法体制。新中国成立以来特别是改革开放以来,经过长期努力,我国形成了中国特色社会主义法律体系,国家生活和社会生活各方面总体上实现了有法可依,这是一个了不起的重大成就。同时,我们也要看到,实践发展永无止境,立法工作也永无止境,完善中国特色社会主义法律体系任务依然很重。

我们在立法领域面临着一些突出问题,比如,立法质量需要进一步提高,有的法律法规全面反映客观规律和人民意愿不够,解决实际问题有效性不足,针对性、可操作性不强;立法效率需要进一步提高。还有就是立法工作中部门化倾向、争权诿责现象较为突出,有的立法实际上成了一种利益博弈,不是久拖不决,就是制定的法律法规不大管用,一些地方利用法规实行地方保护主义,对全国形成统一开放、竞争有序的市场秩序造成障碍,损害国家法治统一。

推进科学立法、民主立法,是提高立法质量的根本途径。科学立法的核心在于尊重和体现客观规律,民主立法的核心在于为了人民、依靠人民。要完善科学立法、民主立法机制,创新公众参与立法方式,广泛听取各方面意见和建议。全会决定提出,明确立法权力边界,从体制机制和工作程序上有效防止部门利益和地方保护主义法律化。一是健全有立法权的人大主导立法工作的体制机制,发挥人大及其常委会在立法工作中的主导作用;建立由全国人大相关专门委员会、全国人大常委会法制工作委员会组织有关部门参与起草综合性、全局性、基础性等重要法律草案制度;增加有法治实践经验的专职常委比例;依法建立健全专门委员会、工作委员会立法专家顾问制度。二是加强和改进政府立法制度建设,完善行政法规、规章制定程序,完善公众参与政府立法机制;重要行政管理法律法规由政府法制机构组织起草;对部门间争议较大的重要立法事项,由决策机关引入第三方评估,不能久拖不决。三是明确地方立法权限和范围,禁止地方制发带有立法性质的文件。

需要明确的是,在我们国家,法律是对全体公民的要求,党内法规制度是对全体党员的要求,而且很多地方比法律的要求更严格。我们党是先锋队,对党员的要求应该更严。全面推进依法治国,必须努力形成国家法律法规和党内法规制度相辅相成、相互促进、相互保障的格局。

第五,加快建设法治政府。法律的生命力在于实施,法律的权威也在于实施。"天下之事,不难于立法,而难于法之必行。"如果有了法律而不实施、束之高阁,或者实施不力、做表面文章,那制定再多法律也无济于事。全面推进依法治国的重点应该是保证法律严格实施,做到"法立,有犯而必施;令出,唯行而不返"。

政府是执法主体,对执法领域存在的有法不依、执法不严、违法不究其至以权压法、权钱交易、徇私枉法等突出问题,老百姓深恶痛绝,必须下大气力解决。全会决定提出,各级政府必须坚持在党的领导下、在法治轨道上开展工作,加快建设职能科学、权责法定、执法严明、公开公正、廉洁高效、守法诚信的法治政府。全会决定提出了一些重要措施。一是推进机构、职能、权限、程序、责任法定化,规定行政机关不得法外设定权力,没有法律法规依据

不得作出减损公民、法人和其他组织合法权益或者增加其义务的决定;推行政府权力清单制度,坚决消除权力设租寻租空间。二是建立行政机关内部重大决策合法性审查机制,积极推行政府法律顾问制度,保证法律顾问在制定重大行政决策、推进依法行政中发挥积极作用;建立重大决策终身责任追究制度及责任倒查机制。三是推进综合执法,理顺城管执法体制,完善执法程序,建立执法全过程记录制度,严格执行重大执法决定法制审核制度,全面落实行政执法责任制。四是加强对政府内部权力的制约,对财政资金分配使用、国有资产监管、政府投资、政府采购、公共资源转让、公共工程建设等权力集中的部门和岗位实行分事行权、分岗设权、分级授权,定期轮岗,强化内部流程控制,防止权力滥用;完善政府内部层级监督和专门监督;保障依法独立行使审计监督权。五是全面推进政务公开,推进决策公开、执行公开、管理公开、服务公开、结果公开,重点推进财政预算、公共资源配置、重大建设项目批准和实施、社会公益事业建设等领域的政府信息公开。这些措施都有很强的针对性,也同党的十八届三中全会精神一脉相承,对法治政府建设十分紧要。

(资料来源:新华网,2014年10月28日。)

小贴士

国无常强,无常弱;奉法者强,则国强,奉法者弱,则国弱。

——《韩非子·有度》

法官是法律世界的国王,除了法律就没有别的上司。

——[德]马克思

个人层面
爱国 敬业 诚信 友善

党的十八大报告初次以24个字归纳了社会主义核心价值观："倡导富强、民主、文明、和谐，倡导自由、平等、公正、法治，倡导爱国、敬业、诚信、友善，积极培育和践行社会主义核心价值观"，把社会主义核心价值观分为国家、社会和个人三个层面的内容。其中归于个人层面的，是"爱国、敬业、诚信、友善"8个字。这8个字高度凝练、字字珠玑，是中国个人必须坚守的核心价值观。社会的主体是人，人的素质和素养在很大程度上影响社会的进步和发展。十八大报告强调推进公民道德建设工程，提出倡导爱国、敬业、诚信、友善的核心价值观，即公民应具备的基本道德素质。爱国是公民应有的对祖国深厚的情感，敬业是公民应有的最基本的职业精神，诚信是公民应有的最基本的道德规范，友善是公民处理人际关系的重要原则。指明践行公民个人层面的核心价值观有助于塑造合格的社会主义公民，有助于应对西方价值观念的冲击，有助于增强国家和民族的凝聚力，最终有助于全面践行社会主义核心价值观。

爱国 民族精神的核心

  实现中国梦必须弘扬中国精神。这就是以爱国主义为核心的民族精神，以改革创新为核心的时代精神。这种精神是凝心聚力的兴国之魂、强国之魂。爱国主义始终是把中华民族坚强团结在一起的精神力量，改革创新始终是鞭策我们在改革开放中与时俱进的精神力量。全国各族人民一定要弘扬伟大的民族精神和时代精神，不断增强团结一心的精神纽带、自强不息的精神动力，永远朝气蓬勃迈向未来。

——习近平

一、爱国的基本内涵

  爱国，就是以热爱祖国为荣，以危害祖国为耻。包括对中国共产党领导的坚决维护，对中华民族大家庭的归属认同，对实现中国梦的强烈期盼，对中华民族优秀文化的自豪等。爱国主义精神是社会主义核心价值体系的核心内容之一。爱国主义是一个民族、一个国家、一个地区赖以生存发展、和谐富裕的精神力量，是文化软实力的重要组成部分，是核心价值体系的内核。爱国主义精神是最能启迪教育人、感召提升人的心灵情愫，无论时代如何发展变化，爱国主义精神总像一面旗帜，迎风招展，猎猎飘扬。

(一)爱国是热爱中华人民共和国和社会主义

爱国主义是全体公民崇高的人生观、正确的价值观的集中体现和总体反映,是中国全体公民应该具备的优秀品格和理应达到的精神境界。如今,爱国便是要热爱中华人民共和国和社会主义。随着社会主义市场经济的不断发展,利益阶层的分化也愈演愈烈,尤其是西方资产阶级的一些腐朽思想通过各种方式不断渗透,一些人成为西方资产阶级的代言人,他们否认、扭曲社会主义理论和实践,否定中国的革命历史,甚至否认改革开放以来我国经济等方面所取得的重大成就。在当前的国情下,我们应该看到,爱国、爱党、爱社会主义这三者之间是统一的,是高度一致的,任何割裂三者关系的言论都是有阴谋的。当国家和民族陷于危难之时,以马克思主义为指导思想的中国共产党主动肩负起历史使命,带领全国各族人民勇敢战斗,抵御侵略,用鲜血染红革命的旗帜,终于实现了民族独立和解放,建立了中华人民共和国,结束了旧中国四分五裂,人民灾难深重的局面。毛泽东主席在天安门城楼上庄严宣告,中国人民从此站起来了,中国从此走上了独立自主的发展道路。改革开放30多年来,中国的经济和社会发展取得了令人瞩目的成就,综合国力大幅提升、人民生活不断改善、国际地位显著提高。中国人民的面貌、社会主义中国的面貌、中国共产党的面貌都发生了巨大的变化。如今我们的社会主义核心价值观将爱国列在公民个人层面的第一位,就是要弘扬爱国主义,要求我们从中国源远流长的历史尤其是近现代历史的经验中寻找支点和力量源泉,从经济和社会的不断进步发展中汲取精神食粮,从全国各民族的艰苦创业和奋斗中获得宝贵财富。

(二)爱国就是坚定建设社会主义的理想信念

从中国的历史文化传统中我们可以窥见"天下兴亡、匹夫有责"的民族气节,"共同团结奋斗、共同繁荣发展"的民族团结情感,"先天下之忧而忧、后天下之乐而乐"的忧患意识以及"天行健,君子以自强不息;地势坤,君子以厚德载物"的民族精神,这些思想共同构成了爱国主义的内涵。中华民族的爱国主义首先表现为"苟利国家生死以,岂因祸福避趋之"的奉献精神和忧患意识,表现出对国家、社会、人民前途命运的担忧。这种自发的忧患意识和对民族的强烈情感,始终鞭策着中华儿女自强不息、艰苦创业。"为中华之崛起而读书",为国家的振兴、民族的独立和人民的幸福而努力奋斗。有了激励人心的民族气节和强大的民族凝聚力,就必定能战胜一切困难,就能为捍卫国家的尊严、民族的独立、人民的切身利益,前赴后继,战胜一切敌人。有了爱国主义精神,我们的国家就不怕外敌的入侵,不怕被压迫和剥削,并能坚定维护国家的领土完整和统一,坚决维护广大人民群众的根本利益。有了爱国主义精神,国家就能生生不息,日新月异,不断开拓新局面。

(三)爱国就是要捍卫国家主权和领土完整

中国自古以来就是多民族国家,地大物博,人口资源丰富。爱国的重要表现就是要捍卫祖国的领土完整、主权和统一。中国近现代奋斗拼搏的历史让我们清楚地看到,要想改变落后挨打、积贫积弱的残酷现实,没有别的办法,只能团结一致,坚决和一切敌对势力作斗争。从西方列强用炮火打开中国国门、用武力强迫软弱的清政府服从就范的那一天起,全国各族人民就毫不犹豫地举起了变法求新、救亡图存的爱国主义旗帜。俄国十月革命一声炮响,给中国送来了马克思列宁主义,在五四运动和新文化运动的不断演进中,特别是以马克思主义理论为指导思想的中国共产党成立以后,中国革命开启了新的历史之门,中国革命焕然一新,中国人民看到了希望,更进一步团结起来,中国革命开始走向胜利,谱写新的历史篇章,中国共产党领导中国人民经过舍生忘死的革命斗争,终于推翻了压在中国人民头上的"三座大山",中国人民开始了独立自主、建设新中国的历史新阶段。经过半个多世纪的钻研和奋斗,如今的中国已经不再是当初那个任人宰割的模样,取而代之的是经济迅速发展,社会主义建设稳步进行,国际地位与日俱增。香港和澳门的回归极大地鼓舞了全国各族人民,祖国的统一大业又向前迈进了一大步。艰苦卓绝的历史和英勇不屈的气节,无一不体现着中国人民的坚强意志和理想信念。只要我们齐聚在爱国主义旗帜下,还有什么艰难困苦不能克服!

(四)爱国就是要开拓创新,努力工作

爱国是对国家、民族和人民的一种高尚纯真的感情,是一种坚韧不拔的理想信念,不仅是精神上的反映,还是脚踏实地的工作和行动。换句话说,爱国的行为和精神,是统一并且不能分离的。我们的祖国是一个大家庭,13亿多人民在这片土地上繁衍生息。国家局面的正常有序、安定团结,需要每一个公民身体力行的维护。只有每个人都认真负责地完成工作,尽忠职守、爱岗敬业,国家才能正常高效地运转,不断繁荣进步。因此,不断开拓创新并且努力工作,增强对国家、民族和人民的责任感,兢兢业业做好本职工作,就是当前爱国主义的具体表现。由此我们可以看到:对国家、民族和人民具有纯洁、真挚、热爱之情的爱国主义者,不可置疑地会把对国家的热爱、对民族的情感和对人民负责全部转化为有利于国家、民族和人民利益的具体行为;"空谈误国,实干兴邦",毫无疑问地将开拓创新、严格要求、忠于职守融入到自己的本职工作中。

二、爱国就要落实到行动上

(一)坚持中国精神

一个民族想要长久生存,一个国家想要长治久安,都离不开共同的信仰、共同的精神。精神是一个国家赖以长久生存的灵魂,只有在精神上保持一致性才能使这个民族乃至国家在历史的洪流中、在激烈的竞争中、在源源不断的考验中屹立不倒。以爱国主义为核心的民族精神是中华民族五千年悠久历史传承的宝贵财富。然而时代的发展又给这一精神赋予了新的时代意义,那就是以改革创新为核心的时代精神。民族精神和时代精神共同构成了中国精神,并成为实现伟大中国梦的强大动力。

1. 坚持以爱国主义为核心的民族精神

以爱国主义为核心的民族精神在传承的过程中不仅增强了民族自信心,而且提高了民族凝聚力。中华民族历经数次朝代的更迭、灾害的侵袭和

强敌的侵略,仍能创造出一个又一个的奇迹和辉煌,其原因不言而喻,每一个中华儿女的心中都充满着以爱国主义为核心的自强、勇敢、团结的民族精神。这一精神在历史的洪流中代代相传。

长征精神、延安精神、奥运精神和抗洪救灾精神,无一不是民族精神的体现。换句话说,一个民族在竞争中想要生存和发展就离不开民族精神的支撑,民族精神是崇高品格和强大毅力的融合,是增强民族自信心和自尊心的不竭动力。

历史和实践雄辩地证明,当今世界还远不太平,中华民族要想在世界民族之林中自立自强,必须要走自己的路,弘扬以爱国主义为核心的民族精神。如今,建设中国特色社会主义,实现全面建设小康社会的奋斗目标,以及国家富强、民族振兴、人民幸福的中华民族伟大复兴的中国梦,都需要有相应的爱国主义精神作为强有力的支撑。

首先,实现中华民族伟大复兴的中国梦这个伟大目标,要用伟大的爱国主义精神激励全国各族人民努力奋斗,团结互助。和平和发展依然是当今世界的主流,但我们也应该清楚地认识到,经济、政治和文化相互交融,综合国力的竞争愈演愈烈。我们应该与时俱进地发扬爱国主义精神,传承人类文明的所有优秀文化,充分借鉴世界先进民族的长处和优势,积极推动中国特色社会主义的发展。同时,当前的国际形势也对弘扬以爱国主义为核心的民族精神发起了挑战。即使我国的经济总量已经位居世界第二,但我国仍然是发展中国家,各方面发展不均衡,对于在经济和社会发展上遇到的挑战要尤为重视。中国经济和社会的不断发展进步,与世界各国的交流互动有着紧密联系。

其次,爱国主义精神不仅具有民族特征,也具有鲜明的时代特征,它们互相融合,成为推动社会进步、实现中华民族伟大复兴中国梦的强大精神支柱。以爱国主义为核心的民族精神代表了历史发展的方向,成为引领社会和经济发展的强大精神力量。爱国主义精神必须具有民族特征,这是因为在中华民族悠远绵长的历史中,以爱国主义为核心的民族精神凝聚了全民族的力量,它包容着中华民族奋斗拼搏的艰辛历程,包容着中华民族高尚的精神追求与理想信念。在革命斗争的社会,以爱国主义为核心的民族精神,如同一面旗帜引领着中华民族前赴后继,勇敢顽强地斗争;在当前社会,以爱国主义为核心的民族精神如同无处不在的空气一样,充满着我们的社会,维系着中华民族的灵魂,坚决维护着最广大人民群众的根本利益。它所蕴含的巨大精神力量是任何个人、任何团体都无法跨越的,它深深扎根于每个人的心中,无形无味,源远流长而又潜移默化,甚至是难以抛弃和难以忘却的,但却又时时刻刻在人们身上发挥着惊人的力量。

再次,弘扬以爱国主义为核心的民族精神,最大作用在于它可以为社会和经济的发展提供精确的准则和标尺,规划社会和经济未来发展的目标和方向。大力弘扬以爱国主义为核心的民族精神,不仅有助于促进生产力的发展,而且可以聚集广大人民的凝聚力,对实现中华民族伟大复兴的中国梦起着巨大的推动作用。自古以来,人类社会和经济的发展进步都需要强大的精神支柱为其提供源源不断的动力。一个新的社会形态的到来,离不开以爱国主义为核心的民族精神作为内在动力和支撑。当社会和经济的发展遇到挫折时,以爱国主义为核心的民族精神就会产生巨大的能量,给人以坚定的理想信念帮助人们渡过难关。所以,以爱国主义为核心的民族精神总能在社会发展的各个阶段发挥强大作用,当前在社会主义现代化建设过程中,我们更应该最大限度地发挥和弘扬爱国主义精神,以饱满的工作状态促进社会主义现代化建设事业的发展。

最后,牢牢把握以爱国主义为核心的民族精神,坚持与时俱进,不断发展和创新,只有这样才能使以爱国主义为核心的民族精神成为中华民族社会和经济不断发展,现代化建设不断推进路上的强大驱动力。因此,要大力弘扬以爱国主义为核心的民族精神就必须不断赋予它新的时代内涵,使其在人民心中扎根发芽,从广大人民群众的行动上表现出来,成为推动中国特色社会主义事业不断发展和实现中华民族伟大复兴中国梦的强大精神力量。

2. 坚持以改革创新为核心的时代精神

以改革创新为核心的时代精神为中国精神输送源源不断的新鲜血液。从1840年鸦片战争开始,中华民族任人宰割,中国历史进入最黑暗、最屈辱、最苦难的时段。国门被打开后,中国人开始了艰难的探索现代化道路的路程。无数仁人志士舍小家为大家不断探寻强国富民的路径,他们用自己宝贵的生命进行摸索、改良、批判、革命。这些艰辛的发展史都可以理解成为形成以改革创新为核心的时代精神作铺垫。在历史的演进中,改革开放的浪潮越翻越涌,创新成为一个民族进步的灵魂,一个国家摆脱积贫积弱的动力。中华民族正是这样一个在创新中遨游,在改革中进步,在批判中发展的民族。以改革创新为核心的时代精神变成中华民族思考和解决问题的方式,逐渐成为人民群众所认可的价值观,成为实现中华民族伟大复兴中国梦的强大助力。

目前我国社会和经济的发展不仅面临难得的机遇,同时也面临诸多的风险和挑战。我国经济政治文化的发展呈现出不平衡、不协调和不容持续的局面,地区发展不平衡,社会成员贫富差距大仍是不容忽视的问题,要想解决好这些重大而又棘手的问题,必须进行改革创新,更要"广泛开展时代精神教育,引导干部群众始终保持与时俱进、开拓创新的精神状态,永不自满、永不僵化、永不停滞,以思想不断解放推动事业持续发展"。不仅如此,还要"大力弘扬一切有利于国家富强、民族振兴、人民幸福、社会和谐的思想和精神,大力发扬艰苦奋斗、劳动光荣、勤俭节约的优良传统"。并且要防止满足现状、不思进取等落后思想的侵蚀,应保持忧患意识、奋发图强;坚决克服墨守成规、裹足不前的守旧思想,要勇于创新;坚决克服前怕狼后怕虎、惧怕困难的思想,要胆大心细、勇往直前。不仅要从世情、国情和党情中发现问题,明确目标,并进一步解放思想;而且要立足改革开放的具体情况,认真思考时代对改革提出的新课题,着力解决深层次矛盾和问题,推动改革不断发展与进步。

因此,在治国理政的各个环节都要秉承改革创新的精神,切实加强改革顶层设计,确定深化改革开放的关键点,制定科学的改革措施,打好改革攻坚战。在发展的过程中要时时刻刻将弘扬精神注入实践中,不断增强自主创新的能力,着力把握发展规律、创新发展理念、转变发展方式、破解发展难题,在提高质量、增加数量的同时也要注重效益问题,自觉走科学发展道路。

用改革的方式解决制约科学发展的体制机制问题,重点解决发展过程中各种不协调、不平衡、不可持续问题,还要着重解决人民群众的根本利益问题,只有这样才能充分发挥广大人民群众的积极性、创造性和主动性,让社会变成创新型社会,不断选拔创新型人才,生产更多的创新型果实。这样,改革的步伐就会进一步加快,不断开创中国特色社会主义社会发展的新局面。

以爱国主义为核心的民族精神和以改革创新为核心的时代精神,共同编织出推动中国梦加快实现的中国精神。这是中华民族五千年历史积淀出的情感、理想和信念,它引领着中国梦的发展方向和发展方式,带领全国人民走向中华民族的伟大复兴。

中国梦是当今中国人民对未来幸福生活的美好愿望和崇高理想,因此必须有强大的精神力量作为前进动力。正如习近平总书记所说:实现中国梦必须弘扬中国精神。这种中国精神就是凝聚民族力量的灵魂。改革开放30多年,取得的成就令世界震惊,当前的中国比以往任何时候都更加接近中国梦的实现,但是接近并不代表实现,我们依然要作出更大的努力,还有许多问题需要解决,许多矛盾需要化解,许多困难需要克服。在距离实现中国梦愈来愈近的关键时刻,我们比任何时候都更加需要激发中华民族的自信心和责任心,比以往任何时候都更要发挥中国人民的积极性和主动性,比以往任何时候都更加需要伟大的中国精神作为支撑和动力。只有弘扬中国精神,才能加快推动中国梦的实现,才能更好地诠释"爱国"一词的丰富内涵。

(二)用行动为祖国发展添砖加瓦

首先,个人的发展与国家的前途密切相关,应将满腔爱国热情转化为奋斗拼搏的内驱力。以史为鉴,当国家利益受到侵犯时,个人的尊严与安危毫无保障可言,更不用说实现个人价值。改革开放以来,随着我国整体实力的提高,社会的飞速发展,中国人民特别是中国的年青一代选择自己的生活方式有着前所未有的宽松条件。这种优厚条件自然离不了国家的利益维护和发展。我们应努力澄清西方传媒给部分公民造成的思想认识混乱,在爱国主义教育中强化民族、国家意识和主权观念。即便是在我国加快融入全球

化浪潮的过程中,中国人民也要自觉将自己的命运与国家的前途紧密联系在一起,绝不能淡化民族国家意识,放弃国家主权,一刻也不能忽视自己国家的主权独立和安全。钱学森曾坦言自己取得成就的原因在于他自觉将个人命运与国家前途统一起来,将爱国热情转化为事业发展的内在动力。中国人民应在透过全球化进程的实质,正确认识个人与国家关系的基础上,自觉将爱国情感转化为事业发展的动力。

其次,将爱国主义建立在热爱人民的基础上,以服务人民为最高宗旨。在社会主义市场经济条件下,一些人传统的集体主义观念淡泊,个人主义盛行。但是同时也要看到集体主义在新中国的发展历史中仍然发挥着巨大作用。在汶川大地震面前,中国人民正是通过集体主义迅速集结了强大的救援力量。众志成城、万众一心的热血爱国情怀,不仅让世界震惊,也深深感动了我们国人。这种集体力量与曾经研制"两弹一星"的集体力量一样只能在集体主义精神的凝聚下才能发挥作用。在我国,社会主义制度所坚持和提倡的集体主义价值导向强调集体利益真实性和个人利益正当性的统一。这种价值导向的出发点是,人民群众是历史的主人和创造者,是推动历史前进的决定力量,人民群众的利益是社会主义国家的最大利益。虽然我们的国家还不富裕,我们的政治经济制度还不完善,还有许多不尽如人意的地方,但这恰恰需要我们同心协力去改变、去奋斗、去创造。道理很简单,国家、民族、民众和个人的利益、前途密不可分。没有了祖国也就没有了自己。只有以国家利益、人民利益为根本,我们的爱国之心,才能起到实实在在的作用。

最后,要坚信共产主义的理想信念不是一句简单的口号,而要清楚地认识到个人和国家的关系。坚持马克思主义的思想指导,自觉将爱国主义与社会主义相结合。爱国主义精神与社会主义需要高度统一起来。1992年,邓小平在南方谈话时指出:"解放生产力,发展生产力,消灭剥削,消除两极分化,最终达到共同富裕。"江泽民提出了"三个代表"重要思想。"三个代表"重要思想,要求"我党必须坚持把人民的根本利益作为出发点和归宿,充分发挥人民群众的积极性、主动性和创造性,在社会不断发展进步的基础上,使人民群众不断获得切实的经济、政治、文化利益"。由此可见,在中国共产党的指导下,中国走社会主义道路的实质是以服务人民为最高使命和神圣职责的。改革开放以来,我国经济保持高速增长,这是30多年来在党的领导下,坚持走社会主义道路所完成的前无古人的伟大创举。

当代公民要将爱国与爱社会主义结合起来,自觉学习和运用马克思主义理论,在中国共产党的正确指导下,从人民的利益出发,将爱国情感升华到建设中国特色社会主义意志的高度。

习近平同志在十九大报告中提道:"巩固和发展爱国统一战线。统一战线是党的事业取得胜利的重要法宝,必须长期坚持。要高举爱国主义、社会主义旗帜,牢牢把握大团结大联合的主题,坚持一致性和多样性统一,找到最大公约数,画出最大同心圆。坚持长期共存、互相监督、肝胆相照、荣辱与共,支持民主党派按照中国特色社会主义参政党要求更好履行职能。全面贯彻党的民族政策,深化民族团结进步教育,铸牢中华民族共同体意识,加强各民族交往交流交融,促进各民族像石榴籽一样紧紧抱在一起,共同团结奋斗、共同繁荣发展。全面贯彻党的宗教工作基本方针,坚持我国宗教的中国化方向,积极引导宗教与社会主义社会相适应。加强党外知识分子工作,做好新的社会阶层人士工作,发挥他们在中国特色社会主义事业中的重要作用。构建亲清新型政商关系,促进非公有制经济健康发展和非公有制经济人士健康成长。广泛团结联系海外侨胞和归侨侨眷,共同致力于中华民族伟大复兴。"

中国女排精神

里约奥运会上,中国女排凭借自身精湛的球技和坚忍不拔的精神为中国夺得了一枚意义深远的金牌。体育场内,五星红旗冉冉升起,多少中国人潸然泪下,因为飘扬在上空的是女排努力付出的汗水,是女排坚忍不拔的精神,是女排顽强拼搏的勇气,是女排无私奉献的品质,这是女排精神,更是中国精神。女排精神,形成于20世纪80年代,深深激励着处在改革开放中的那一代中国人为了改革事业而奋斗,这是爱国主义民族精神与锐意进取时代精神的结合,是民族情感的表现,极大地提高了国人的民族自信心与自豪感,提升了国家的凝聚力与向心力,为中华民族的伟大复兴增添了新的精神力量。

以一支球队的名称来命名一种精神是至高荣誉,中国女排就是这样一支队伍,同时又是一支背负国家使命、为国家荣誉而战的队伍。

1981年第三届女排世界杯上,中国女排力战东道主日本队,实现五连冠,自此女排精神被叫响。因为契合时代需求,女排精神一度成为国人奋发图强、建设祖国的巨大精神力量,并凝结出"团结起来,振兴中华"的口号,成为改革开放初期的时代最强音。30多年来,中国女排一直艰难前行,也经历过使人怅然若失的低谷,但是她们始终没有放弃每一次为荣誉而战的赛场。终于,2016年的里约,铁娘子们重返奥运之巅,让鲜艳的五星红旗在异国的土地上冉冉升起。

里约的每一场比赛都异常艰辛,但是她们迎难而上。1/4决赛对阵主场优势的巴西女排时,疯狂的巴西球迷时时都会发出嘘声,这对中国队员们的比赛造成巨大的负面影响。为了稳定士气,郎平告诉姑娘们:"我们有上亿球迷在远方观战,我们不孤单,他们越是嘘我们,我们越要发好球,狠狠打,我们要为国家而战。"这句话深深触动了队员们。在远离国土千里之外的里约赛场上,有一种力量穿越时空,激励着女排姑娘全力以赴、争创佳绩,那是她们对祖国发自内心的热爱,那是她们为国争光的自豪与幸福,那是她们对爱国主义情怀最生动与朴素的表达。这些年来,一直激励着她们顽强拼搏、永不放弃的就是凝结在队魂中的女排精神,就是烙印在队员心中的爱国情怀。女排姑娘们怀着深深的使命感,为国之荣誉而战,激起无数中国人的爱国情怀,里约的胜利让女排精神在国内再次叫热,深深表达了人民的爱国热情与民族自信心。

回想80年代由女排精神唱响的那种超越自我、奉献祖国的时代强音,对当今社会主义现代化建设仍然有着深远意义。如今,女排精神历久弥新,其深刻的爱国主义情怀就是对社会主义核心价值观最直接的表现。女排在赛场上勇夺冠军,是对社会主义核心价值观最直观的宣传与建设,以一种最为生动形象的方式使这种社会价值选择深入人心。

中国女排精神不是喊出来的,而是用顽强的拼搏铸就出来的,是用女排姑娘的血与肉凝结出来的。当今,我国进入全面建成小康社会的关键时期,经济体制和社会结构发生深刻变革,人民思想日益多元化,价值观选择更加趋于自由化,在复杂的社会历史条件下,我们更要大力建设社会主义核心价值观,发扬像女排精神这样的优秀精神力量,在全国上下形成统一的价值信念,让女排精神为实现"两个一百年"奋斗目标提供精神动力,为实现中华民族伟大复兴的中国梦增添新的中国力量。

(资料来源:中国文明网,2016年8月20日。)

【点评】梦想是引导前进的目标,但奔向梦想的道路却十分曲折,战胜困难需要精神的力量,中国女排就是这样成功的。站在冠军领奖台上回看女排的里约征程,我们就能感受到精神力量的伟大。

爱国之情应化为爱国之行

作为一名在党的怀抱下全面发展的民族干部,其美对于自己的祖国,对于自己的家乡怀着深沉的感情,他清楚地知道作为国税局局长,他的使命就是带领家乡的人民过上幸福美满的生活,他深爱自己的祖国,唯有将满腔爱国热情化为实实在在的爱国之行,才是对祖国最好的报效。

想要做好国税局工作并不简单,其美把每一天都当作敏感日,兢兢业业,尽量提前计划,提前布置,提前完成,这样才能有充足的精力和时间来做好接下来的工作。随着网络媒体愈来愈快的发展,西方一些不良思想对我国的入侵也更加明显,对于这些西方的腐朽思想,其美有着自己坚定的原则,他时刻保持高度警惕,摆正态度并作出正确的判断。其美不仅以身作则,而且要求部门工作人员都必须在大是大非面前保持坚定不移的态度,要求干部们不得以任何方式发表反动言论,时刻保持清醒的头脑,要与反动势力和分裂势力斗争到底。为了加强防范,其美还主动撰写了揭露十四世达赖集团罪恶行径的文章,以清晰的理论逻辑和深刻的剖析带头开展揭批声讨活动,用自己的行动来阐释爱国之心。在人们的心中其美就像是海上的灯塔,为人们的幸福道路指明航向。他始终走在反分裂,维护祖国统一的第一线,牢牢筑起维护祖国统一的长城。在这样原则坚定的干部的带领下开发区国税局上行下效,2015年实现税收收入52.94亿元,首次突破50亿元大关。

2016年3月,财政部、国家税务总局开始全面推进营改增试点工作。面对这样意义重大、影响深远的改革,其美总是奋战在第一线。他开启"5+2""白+黑"工作模式,放弃了所有休息时间,多次召开专题会议动员部署,深入工作一线督促指导,发出倡议书加油鼓劲,并主持起草了三套工作方案。在这样的努力下,开发区国税局于5月1日零时5分,顺利开出了全面推开营改增首张增值税普通发票。

由于其美是法律专业科班出身,为了更好地落实这一工作,他深入研究相关法律法规并整理与法制工作岗位密切相关的法律法规,精心编写了《西藏税制学习手册》。该手册成为全区税务系统学习税法的基础资料。

作为一名原则坚定的执法者,无数的夜晚,有无数的纳税人妄图打着各种旗号、各种名义到他家串门拜访,拉关系交朋友,但他心知肚明,这些人就是妄图通过这种走后门的关系来逃避检查,甚至减轻偷税漏税的惩罚。正因为他们怀揣着这样的想法,其美总是将他们拒之门外。虽然为此得罪了很多人,但是其美从不后悔。

(资料来源:《西藏日报》,2016年8月26日。)

【点评】爱国主义是人们对祖国的深厚感情,是将个人命运与祖国前途、祖国命运密切联系在一起,为国家贡献力量的责任感与为民族不惜牺牲一切的献身精神和行动。只有将爱国情感、爱国思想化为爱国之行,才具有实际意义,最终实现升华,找到归宿。

慷慨激昂,用诗歌表达爱国精神

臧克家在一个热爱诗歌的家庭里成长,他的祖父和父亲都对诗歌有着极大的兴趣,家庭文化氛围十分浓厚。他的祖父对诗特别喜欢,尤其喜欢白居易的诗。常常以激扬澎湃的情感高声朗诵《长恨歌》,接着又是《琵琶行》。1919年五四运动爆发时,臧克家14岁,就读于"第一高等小学"。大学生丘纪明,是北京学生运动派来的代表,和臧克家是一个县的。听了丘纪明关于宣传五四运动及其伟大精神的演讲,丘纪明的每一句话语都充满深深的爱国情怀,令人热血沸腾,深深拨动了臧克家年轻的心。在听完这次演讲后臧克家以一名小战士的身份第一次投入到这场爱国运动中,和同学一起组成"反日会"组织,扛着小旗子去街头巷尾宣传五四爱国精神,每每讲到令人悲痛的地方,听众们都会流下眼泪。

1937年,日军大举侵略中国。我们的国土逐渐被日寇占领,人民苦不堪言,望着失守的河山,臧克家十分悲痛。抗战爆发后,他奋不顾身地投向充满动乱的战场,奔向硝烟弥漫的战场,以满腔的爱国热情投入到抗日救亡的运动中。

"抗战!抗战!将敌人的脚跟,从我们的国土上斩断。诗人们呵!请放开你们的喉咙,除了高唱战歌,你们的诗句将哑然无声!"在《血的春天》里臧克家怒斥敌人。

台儿庄战役在第二年4月燃起了炮火。一身戎装,臧克家带着坚定的信念深入到战地采访。日军不断的敌机炮轰,并没有吓倒他,不畏惧死亡的他三次来到战区前线。在采访中,他亲眼目睹了日寇惨绝人寰的疯狂行为,看到了中国人民的奉献和牺牲,更看到了中国军人慷慨激昂的战斗力和意志力……通过连续七天不休不眠坚持不懈的创作,臧克家完成了《津浦北线血战记》这部长篇通讯报告集,它用铁铮铮的事实和悲痛而壮烈的爱国之情,非常迅速地向世人揭露了中华民族和中国人民拼死抗战的战地实录、与日军血战到底的民族气概和精神。

五年的时间里,臧克家一直跟随着部队待在前线战地。一直以来,他始终怀着对祖国的一颗赤子之心和保家卫国的责任感,用自己的作品,履行着一份人民战士应尽的责任。《泥沼集》《走向火线》《随枣行》《淮上三千里》等一篇篇著作,都是他在五年的战地生活中为世人留下的。

1946年末,国民党散布出"臧克家不再写诗了"的谣言。这激起了臧克家的怒火,他直抒胸臆,愤然写下了向反动政权宣战的檄文《你们》:"你们宣传说,我不再写诗了,对不起,我给你们一个大大的失望,我被你们的话鼓励了,我的诗性猛烈得像火!"

全国解放后,臧克家始终秉持着当初热爱文学的心,继续坚守在文学阵地上,将中国优秀古典文学和其中的名篇佳句介绍给广大读者,向读者讲述自己对于中华民族源远流长和博大精深的文学传统的理解感悟。他陆续创作了很多有关古典诗文的评析鉴赏文章,在中国文学界产生了很大影响。后来这些文章结集为《臧克家古典诗文欣赏集》出版。"自沐朝晖意葱茏,休凭白发便呼翁。狂来欲碎玻璃镜,还我青春火样红。"臧克家之所以是一位伟大的时代诗人,不仅因为他的一生饱经磨炼,留下了不朽的文学作品,更因为战乱锻炼了他的意志品格,坚定了他的爱国信仰。2000年1月20日,在人民大会堂,中国诗歌学会授予"世纪诗翁"臧克家"中国诗人奖终身成就奖"。

(资料来源:中国青年网,2012年2月27日。)

【点评】 这个性情刚烈的诗人一生坚守理想和信念,他曾在诗中这样剖析自己:"我所参加过的每一次战斗,总有许多人倒下去,许多人转回头,许多人挺身直前。而我自己呢?我没有倒下去,没有后退……"这是一名革命文化战士勇于抛弃人生观中不符合时代和革命要求的旧我,从而塑造一个与时代同步、与人民同心的新我。这是一个坚守的过程,也是一个创造的过程。爱国主义是公民自立自强的精神源头,爱国主义不是一个抽象的概念,它是通过爱国的情感、爱国的思想、爱国的行为表现出来的。对祖国的爱是一种博大的爱,是从内心深处产生的对祖国深厚的情感;爱国的思想是对祖国的无限忠诚,对祖国前途和命运的无限关心;爱国的行为是一种崇高的行为,表现为人们为争取自己祖国的独立和富强而英勇奋斗的行为。数千年来,中华民族尤其把对祖国的忠、对民族的爱视为做人的根本与大节,以救国治国、兴邦兴国为人生奋斗的最高境界。

大力弘扬伟大爱国主义精神 为实现中国梦提供精神支柱
——习近平主持中共中央政治局第二十九次集体学习中的讲话

中共中央政治局12月30日下午就中华民族爱国主义精神的历史形成和发展进行第二十九次集体学习。中共中央总书记习近平在主持学习时强调,伟大的事业需要伟大的精神。实现中华民族伟大复兴的中国梦,是当代中国爱国主义的鲜明主题。要大力弘扬伟大爱国主义精神,大力弘扬以改革创新为核心的时代精神,为实现中华民族伟大复兴的中国梦提供共同精神支柱和强大精神动力。

习近平在主持学习时发表了讲话。他指出,爱国主义是中华民族精神的核心。爱国主义精神深深植根于中华民族心中,是中华民族的精神基因,维系着华夏大地上各个民族的团结统一,激励着一代又一代中华儿女为祖国发展繁荣而不懈奋斗。5000多年来,中华民族之所以能够经受住无数难以想象的风险和考验,始终保持旺盛生命力,生生不息,薪火相传,同中华民族有深厚持久的爱国主义传统是密不可分的。

中国共产党是爱国主义精神最坚定的弘扬者和实践者,始终把实现中华民族伟大复兴作为自己的历史使命。90多年来,我们党团结带领全国各族人民进行的革命、建设、改革实践,是爱国主义的伟大实践,写下了中华民族爱国主义精神的辉煌篇章。

弘扬爱国主义精神,必须把爱国主义教育作为永恒主题。要把爱国主义教育贯穿国民教育和精神文明建设全过程。要深化爱国主义教育研究和爱国主义精神阐释,不断丰富教育内容、创新教育载体、增强教育效果。要充分利用我国改革发展的伟大成就、重大历史事件纪念活动、爱国主义教育基地、中华民族传统节庆、国家公祭仪式等来增强人民的爱国主义情怀和意识,运用艺术形式和新媒体,以理服人、以文化人、以情感人,生动传播爱国主义精神,唱响爱国主义主旋律,让爱国主义成为每一个中国人的坚定信念和精神依靠。要结合弘扬和践行社会主义核心价值观,在广大青少年中开展深入、持久、生动的爱国主义宣传教育,让爱国主义精神在广大青少年心中牢牢扎根,让广大青少年培养爱国之情、砥砺强国之志、实践报国之行,让爱国主义精神代代相传、发扬光大。

弘扬爱国主义精神,必须坚持爱国主义和社会主义相统一。我国爱国主义始终围绕着实现民族富强、人民幸福而发展,最终汇流于中国特色社会主义。祖国的命运和党的命运、社会主义的命运是密不可分的。只有坚持爱国和爱党、爱社会主义相统一,爱国主义才是鲜活的、真实的,这是当代中国爱国主义精神最重要的体现。今天我们讲爱国主义,这个道理要经常讲、反复讲。

弘扬爱国主义精神,必须维护祖国统一和民族团结。在新的时代条件下,弘扬爱国主义精神,必须把维护祖国统一和民族团结作为重要着力点和落脚点。要教育引导全国各族人民像爱护自己的眼睛一样珍惜民族团结,维护全国各族人民大团结的政治局面,不断增强对伟大祖国、中华民族、中华文化、中国共产党、中国特色社会主义的认同,坚决维护国家主权、安全、发展利益,旗帜鲜明反对分裂国家图谋、破坏民族团结的言行,筑牢国家统一、民族团结、社会稳定的铜墙铁壁。

弘扬爱国主义精神,必须尊重和传承中华民族历史和文化。对祖国悠久历史、深厚文化的理解和接受,是人们爱国主义情感培育和发展的重要条件。中华优秀传统文化是中华民族的精神命脉。要努力从中华民族世世代代形成和积累的优秀传统文化中汲取营养和智慧,延续文化基因,萃取思想精华,展现精神魅力。要以时代精神激活中华优秀传统文化的生命力,推进中华优秀传统文化创造性转化和创新性发展,把传承和弘扬中华优秀传统文化同培育和践行社会主义核心价值观统一起来,引导人民树立和坚持正确的历史观、民族观、国家观、文化观,不断增强中华民族的归属感、认同感、尊严感、荣誉感。

弘扬爱国主义精神,必须坚持立足民族又面向世界。中国的命运与世界的命运紧密相关。我们要把弘扬爱国主义精神与扩大对外开放结合进来,尊重各国的历史特点、文化传统,尊重各国人民选择的发展道路,善于从不同文明中寻求智慧、汲取营养,增强中华文明生机活力。我们要积极倡导求同存异、交流互鉴,促进不同国度、不同文明相互借鉴、共同进步,共同推动人类文明发展进步。

(资料来源:新华网,2015年12月30日。)

小贴士

先天下之忧而忧,后天下之乐而乐。

——(宋)范仲淹

苟利国家生死以,岂因祸福避趋之。

——(清)林则徐

敬业 社会主义的职业操守

引语

素质是立身之基，技能是立业之本。广大劳动群众要勤于学习，学文化、学科学、学技能、学各方面知识，不断提高综合素质，练就过硬本领。要立足岗位学，向师傅学，向同事学，向书本学，向实践学。三百六十行，行行出状元。

……

梦想属于每一个人，广大劳动群众要敢想敢干、敢于追梦。说到底，实现中华民族伟大复兴的中国梦，要靠各行各业人们的辛勤劳动。现在，党和国家事业空间很大，只要有志气有闯劲，普通劳动者也可以在宽广舞台上展示自己的人生价值。

——习近平

释义

一、敬业的内涵

敬业就是对自己职业的热爱与敬重，属于个人道德品质的范畴，包括敬业的内容、敬业的态度与敬业的方式三个方面。"敬业"是对自己所从事职业专也，就是能够致力于自己所从事的职业，严格遵从职业道德，全心全意投入与付出，注重细节与点滴，在自己的工作中得到趣味。"敬业"，就是要求我们做到勤业、精业、乐业、崇业。即不仅要热爱自己的职业，而且要将这种热爱之情投入到工作中，成为我们努力工作的不竭动力。

(一)勤业是敬业的第一要素

勤业是现代社会中人们对待事业首先应有的一种基本态度,它要求人们在自己的职业工作中勤勉努力,不怕吃苦,并且坚持下去。尤其是在当今知识经济时代背景下,知识、智慧所扮演的角色越来越重要,谁拥有更多更新的知识,谁就掌握了创业致富的主动权。而这就需要人们勤于学习各类知识,顺应知识经济的潮流,时刻用勤奋刻苦的态度去对待自己的职业和工作。

(二)精业是敬业的内在要求

敬业者必然要做到"精业",要使一项工作或任务产生切实有效的成果,就离不开精业这一职业素养。精业,就是个人在本职工作中通过加强学习与钻研思考,从而精通各类业务工作,它既要求人们在工作中专心致志、集中精力,又要有细密的心思。在这个讲求竞争与效率的年代,每个人都必须不断加强学习,对工作专心、用心,不急不躁。职业工作者只有做到学而不厌、习而不倦、勤于钻业、在细微处下功夫,才能提高自己的工作能力,为自己的成功打下牢固基础。习近平同志在论及领导干部加强学习、增强本领的重要性时指出:"全党同志特别是各级领导干部,都要有本领不够的危机感,都要努力增强本领,都要一刻不停地增强本领。只有全党本领不断增强了,'两个一百年'的奋斗目标才能实现,中华民族伟大复兴的'中国梦'才能梦想成真。"这不仅是对全党及各级领导干部的要求,也是对社会上每一从业者的要求。敬业离不开精业,只有养成严谨认真、一丝不苟的工作习惯,人们才能在日趋激烈的竞争中脱颖而出,立于不败之地。

(三)乐业是敬业的充分体现

乐业就是要热爱自己的事业,把自己的事业看成是自己的乐趣。首先,要"爱业",一个真正的敬业者,必然发自内心地热爱他所从事的职业,只有保持"干一行爱一行"的工作态度,一个人才会对他所从事的职业产生认同感,视其工作为神圣使命,才会唤起巨大的工作热情,激发无穷的力量。其次,要学会把自己的职业当作一种乐趣,梁启超在《敬业与乐业》里提道:"凡职业都是有趣味的,只要你肯继续做下去,趣味自然会发生。"这就是说,人们在自己的职业与工作中,要身入其中,坚持做好事情,慢慢去领略职业所散发出的趣味与快乐。"知之者不如好之者,好之者不如乐之者",只有敬业的人才会真正喜欢自己的工作,学会在快乐中工作。如果每个人都热爱自己的事业,学会从自己的工作中寻求无限趣味,把工作当成一种乐趣去做,人们就能更好地履行自己的职业责任。

（四）崇业是敬业的必然走向

崇业就是说个人在自己的工作中通过不断学习,把自己的事业做强做大,使自己立于不败之地。敬业者做到了勤业、精业、乐业,就必定会走向崇业。在当代中国社会主义市场经济条件下,培养人的主体性及开拓创新精神显得尤为重要,因而崇业就要求人们具备一种开拓创新的职业精神,勇于探索,勇于创造。人们要在竞争中求得生存,就必须冲破旧观念的束缚,全面增强创新意识,提高创新能力,并在自己的职业或岗位上积极进取。若是一味因循守旧、易于满足、不思进取,只能把自己局限在所从事的职业岗位上,久而久之,其工作也难以取得进步甚至最后被无情淘汰。敬业者唯有积极开拓、积极探索,才不至于湮没在市场经济的大潮中,才能使自己在竞争中立于不败之地,振兴自己的事业。

二、敬业对国家、社会以及个人的重要性

（一）敬业是时代发展的必然要求

敬业是对个人职业立场和态度的规范,是中华文明的重要组成部分,是时代发展的必然要求,也是各行业最基本的职业道德。敬业也是一国文化软实力的重要组成部分。具有敬业精神的劳动者,是一个国家经济的重要推动者,是文化精神的传播者。培育敬业精神,离不开社会成员的协同努

力,更离不开系统的、有计划、有组织的教育。

随着我国高等教育的不断发展,公民的受教育程度越来越高,他们的综合素质越来越强,他们通过职业奉献社会,促进社会发展,成为我国社会发展的重要支柱。然而,这除需要我们具有较高的文化程度和业务技巧外,还需要有敬业精神。所以,须对公民进行社会主义核心价值观教育,提高他们对主流价值观的认同程度,坚定他们对国家、社会、个人不同层面价值的认识,严格要求自己。

在现代社会,职业通常首先表现为一个人的谋生工具,职业行为是为了获取报酬。这时的职业行为意味着利益交换,但职业道德仍然是要起作用的,因为只有靠诚实劳动换来的报酬才是正当的。不是靠诚实劳动得来的东西是不可靠的,这种不合理存在迟早还是要被换回去的。正当的利益交换,在实现自己利益的同时,也实现了自己的能力价值。同时,自己的职业活动创造并交换出去的劳动成果也为他人和社会所使用。可见,正当的利益交换是在主观为自己、客观为别人的方式下进行的,处于谋生层面的职业道德是低层次的公民道德。而处于事业层面的职业道德是高层次的,其职业态度是对本职工作的挚爱和高度负责,是爱岗和敬业的统一,其职业观念是服务群众、奉献社会。这时的职业纪律已经达到"随心所欲不逾矩"的境界,职业作风可谓是惜事如金、忘我工作、甘于奉献。这个境界的职业道德体现的是人生幸福的获得和生命价值的彰显。

(二)敬业是职业道德的核心理念

敬业是通过专心于职业这种途径,实现自己的人生价值,也就是珍惜职业为自己实现价值所提供的机会。在当今社会,许多人都是在工作岗位上以敬业理念来实现其人生价值的。一个人有无敬业理念,体现了其职业道德水平的高低。一个社会、国家的发展,离不开敬业理念,它作为动力对社会发展起着重要推动作用。例如,美国人的主体意识、创业精神、独立思考以及富有竞争的意识;新加坡人追求繁荣昌盛、凝聚奋斗的整体观念;德国人的精益求精、严谨认真的态度等,这些优秀的敬业理念在本国经济社会发展中所发挥的作用已被历史所证实。

社会主义市场经济是一种新的经济,它要求在社会主义国家的宏观调控下,市场对包括劳动力和消费品在内的资源配置起基础性作用。发展与完善社会主义市场经济体制,已经成为我国实现社会主义现代化的根本途径,它迫切需要在全社会开展以培育敬业为核心的敬业观教育,为社会主义市场经济的发展与完善提供强大的动力。具体说来,主要表现在以下几个方面:

首先,敬业是提高社会主义市场经济效率性的重要手段。与资本主义条件下的市场经济一样,社会主义市场经济的发展也十分重视追求效率的增长,是效率型经济。敬业精神直接决定着人们在职业活动中的劳动态度。有了敬业,人们就会表现出爱业、勤业的劳动态度,珍视自己的职业工作,对自己的职业工作产生认同感,积极发挥自己的能力和创造力,从而为社会生产力的提高提供生生不息的源泉。劳动者如果首先没有良好的劳动态度,即使有较高的科技文化知识和技术水平,也不会自发产生生产力,相反,还可能阻碍劳动生产率的提高。

其次,敬业还影响着人们劳动能力发挥的程度。敬业往往能够诱发和激励劳动者的积极性,使之不断投入到职业活动中,充分发挥主体的现有能力,从而促使敬业主体不断改进生产工具和开发劳动对象,发展和提升自己的技能,积累更为丰富的经验以推动生产力的发展。

最后,敬业还关系到人们在职业活动中对资源的整合能力。敬业可以通过调动主体能力,使包括劳动者、劳动资料、劳动对象在内的各生产要素达到优化配置与组合,从而保证人们提高经济效益,满足社会需求。总之,没有敬业精神的有力支撑,就不可能最大限度地激发人们的积极性与活跃性,社会主义市场经济就难以达到高效率。

(三)敬业有利于促进社会公平正义

公平与正义是构建社会主义和谐社会所追求的价值取向,也是和谐社会的核心问题。只要每个社会成员都能遵循智慧、节制、正义等道德规范,国家和社会就能实现公正,社会生活就能稳定有序。如此,要实现社会的公平正义与和谐运转,就离不开每个社会成员在各自的职业和岗位上表现出敬业精神。加强对全体公民的敬业观教育,可以激发从业人员的劳动热情,让他们树立为人民服务的思想,自觉履行自己的社会责任,在本职岗位上尽职尽责,从而维护整个社会的正常运转。这样,每位工作者在平凡的岗位上就会勤勉工作:公务员廉洁奉公、商人诚信经营、教师教书育人、医生救死扶伤、学者严谨求实……只有全体社会成员树立敬业精神,各行其是,各司其职,才有人民的安居乐业和社会的公平正义,社会才会和谐运转。

(四)敬业有助于营造良好的社会风尚

社会风尚是社会和谐的风向标,良好的社会风尚是社会和谐的基础与前提。在生产力高度发达的今天,职业活动成为人类社会生活最基本、最普遍的形式,社会风尚的好坏,主要是通过各行各业的职业风气表现出来的。因此,要在全社会营造一种积极文明健康的风尚,就必须加强社会主义职业道德教育,尤其是敬业观教育。如果各行各业的劳动者都具有良好的敬业精神,做到热爱、敬重本职工作,讲究职业道德,养成良好的职业素养和职业行为,那么整个社会就会形成一种"时时讲职业道德,事事讲职业道德"的优良风尚。在深化改革与市场经济发展的今天,难免会出现一些不文明的职业行为,一部分人经不住物质利益的诱惑,把个人利益看作是唯一的精神追求,对本职工作敷衍了事、极不负责;拜金主义、享乐主义、极端个人主义等思想和生活方式滋长;见利忘义、违法乱纪、诚信缺失等道德现象时有发生,这些不良社会风气严重影响了社会的安定与和谐。因而,只有大力弘扬敬业价值观,加强敬业观教育,使每位从业者自觉忠于职守、乐于奉献、履行责任,才能纠正与净化社会不良风气,在全社会营造一种健康文明的新风尚,从而为职业工作和市场经济的发展提供一个良好的环境,为和谐社会的建设营造良好的文化氛围。

(五)敬业是人生价值的体现

敬业是成事之基。敬业就是尊重自己的职业和事业,对自己所从事的工作和事情尽心尽责、兢兢业业。敬业的前提是爱岗。一旦选择了某个职业,无论其职务高低,岗位大小,都要严肃认真、兢兢业业、脚踏实地、一丝不苟。马克思曾以他自己的一生,实践着他在青年时代立下的道德准则:"如果我们选择了最能为人类福利而劳动的职业,我们就不会为它的重负所压倒,因为这是为全人类所做的牺牲;那时我们感到的将不是一点点自私而可怜的欢乐,我们的幸福将属于千万人,我们的事业并不显赫一时,但定永远存在;而面对我们的骨灰,高尚的人们将洒下热泪。"当人把工作当作职业时,体现的是自身的能力和价值;当人把工作当作事业时,体验的是服务社会的价值;当人把工作融入生命时,感悟的是人生意义的价值。将"敬业"纳入社会主义核心价值观,具有的现实意义在于,注重价值观的实践性和现实性,更注重价值观对于普通民众的价值和意义,使得社会主义核心价值观有了存在的实践大地和现实群众基础。通过对"敬业"价值观念的培育和践行,推进社会主义道德建设和文化精神的深化、发展。

三、敬业的实现路径

敬业既是从高处着眼,具有前瞻性,又是从实处用力,具有现实性。只有国家、社会、个人三方合力,才能不断推动敬业精神在实现中国梦的伟大事业中生根发芽,在中华大地上发扬光大。

第一,积极弘扬中华优秀传统文化,以中华优秀传统文化中的敬业精神滋润人们的心灵。中华优秀传统文化就是中华民族的根和魂,涵养着社会主义核心价值观,使之转化为我们内心的信仰和外在的自觉行动。而行动贵在敬业。"传统文化当中倡导正心诚意、厚德载物、进德修业、恪尽职守,推崇刚健进取、自强不息、有所作为的精神"。直到今天,这些精神依然有它的价值,而社会的发展还要根据时代的需要对这些价值加以创造性发展,将这种精神发扬光大。时代不同,所敬之业的内容有了变化,但是敬业中所包含的审慎、认真、负责、兢兢业业、恪尽职守、不断进取、奋发图强的精神不会改变。新的历史时期,要大力弘扬敬业中的奋发有为、不懈创造与创新精神,尤其是要学习古人"天下为公""心忧天下"的精神,把自身的敬业与国

家、民族、人民的命运紧紧联系在一起,这样才能使敬业精神传承,并发扬下去。因此,敬业联结着国家、民族和人民的过去、现在与未来。

第二,国家从顶层设计与长远规划的高度为敬业精神的发扬提供了广阔的现实土壤与可靠的制度保障。中国特色社会主义既需要顶层设计,又需要长远规划,而这两者的落实都需要各行各业人们具有敬业与奉献精神。人们敬业精神的发扬也需要国家提供可靠的制度保障,包括三个方面,即就业保障、收入分配和教育制度。正如马克思所言:"群众对这样或那样的目的究竟'关怀'到什么程度,这些目的'唤起了'群众多少'热情',关键在于这些目的能否满足人们的利益,因为'思想'一旦离开'利益',就一定会使自己出丑。"这里的"利益"就是人们的工作、职业和饭碗。就目前的发展阶段来说,就业是人们最大的利益所在。其次是收入分配。原来我们追求把"蛋糕"做大,现在不仅是把"蛋糕"做大的问题,还要把已经相对较大的"蛋糕"分好,习近平总书记强调,要提高一线劳动者的劳动报酬,要实施职工素质建设工程。这就涉及教育的问题,应该从小培养人们的劳动意识和创造性,建立终身教育体系,提高劳动者的技能和素质。

第三,社会为敬业精神的发扬铸造了文化环境和舆论导向。社会是个人力量的凝聚,同时,社会的精神风貌对个人也有感染和熏陶作用。在社会主义核心价值观的引领之下,建设社会主义劳动文化,"全社会都要贯彻尊重劳动、尊重知识、尊重人才、尊重创造的重大方针",这样的社会氛围才会推动人们形成热爱劳动、争先恐后、不断进取的敬业品质,才有利于推动人们形成辛勤劳动、诚实劳动和创造性劳动的行为习惯。同时,这样一个倡导劳动文化的社会也会形成正确的舆论导向,引导人们正确认识劳动与利益回报的关系。因此,社会主义劳动文化能够塑造人们热爱劳动、自强自立的道德品格和敬业精神,而无数劳动者的敬业精神又进一步推动社会物质与精神财富的双向发展,这是一种个人品格与社会文化之间的良性互动、相互促进。

第四,个人是敬业精神的载体和实现中国梦的基本依靠力量。个人要树立远大的职业理想,坚定自身的职业信念,培养干一行爱一行的职业情感。职业理想既包括理想中的职业,也包括把理想中的职业做到一种什么样的水准。职业信念就是对自身职业之重要性的一种肯定,以及对于从事这种职业一种坚定和坚持的态度。职业情感是在职业理想和职业信念的基础之上,形成对自身职业的一种荣誉感、幸福感和满足感。正如习近平总书记所说,"有信念、有梦想、有奋斗、有奉献的人生,才是有意义的人生"。幸福不会从天而降,梦想不会自动成真。每个人都秉持敬业精神,辛勤劳动、诚实劳动、创造性劳动,才会共享人生出彩的机会,才有民族复兴中国梦的实现。

为人民服务不是嘴上说说而已

谈及次仁罗布,群众都会说他是:"人民的福星,罪犯的克星。"这句话是对次仁罗布的真实写照,对于犯罪分子,他痛恨入骨,在他手上的案子,不管多么困难,他都会坚持不懈地去克服和侦查。每当人民群众对他竖起大拇指赞赏他说:"次仁罗布同志,你可真是神了!"他总是谦虚地回答:"这一切离不开你们的功劳。"其实,原因在于他对人民警察这份工作的兢兢业业,对工作的认真负责,对自己所管辖地区的熟悉。次仁罗布所管辖的里龙辖区,有很多的外来人口,人口流动性较大,外地人口占了辖区的一大部分,这里也就成了一些不良分子隐藏之地。此外,拉帮结派的现象在这里很严重,一大群人集中闹事的现象也特别多,打架斗殴时有发生,巨大的压力压在了辖区管理者的身上。

次仁罗布经常到边民群众的家里,与他们谈心交朋友,为的就是保证辖区的稳定和安全,避免事故发生,他将"警力有限,民力无穷"的巨大作用加以淋漓尽致的运用,安保组织在辖区的各个村建立起来,设立了专门保证辖区安全的信息员,群防群治的安全网得到合理组建,辖区的和谐平安真正得以实现。

次仁罗布的座右铭是:"身为边防派出所所长,不仅仅是脚步踏进老百姓的家里面,更要拉近与老百姓的距离,走进老百姓的心里。只有用真心才能换取真心,一直牢记为人民服务的宗旨,切实为老百姓做实事,才能真正

赢得民心。"他的言语和行动保持高度一致。

次仁罗布一直知道这么一个道理："必须把自己真正变成辖区的人,这样才能取信于民。"为了拉近与辖区群众的关系,真正走进他们,他给辖区的群众写了很多封信,信上这样说道:"父老乡亲:我叫次仁罗布,是里龙边防派出所所长,竭诚为您提供如下服务:户口问题、调解民事纠纷、法律咨询、民事求助和援助等。我的承诺是:有困难找罗布,我将竭诚为您服务……"与此同时,为了方便与人民群众联系,次仁罗布还自己出钱印制了警民联系卡,挂出了警民联系牌和警民联系箱。无论是周末还是假日,他都处于上班状态,只要有时间,他就会往辖区跑,一是为了与群众熟悉起来,二是为了倾听群众的声音,三是为了解决群众的难题。

俗话说,好记性不如烂笔头,次仁罗布一直把这句话当作自己做事的准则。在开展爱民固边工作中,次仁罗布总随身带个笔记本,遇到问题他就会立马在本子上记录下来,从而确保自己把有关老百姓的民生问题记在心里。他的笔记本上包含很多内容:从帮张家购买菜种到李家夫妻吵架需要调解。开展爱民固边活动以来,次仁罗布将自己的行动和思考也详细记在本子上。辖区群众都说:"从小小的笔记本上就能看到次仁罗布对咱们老百姓的关爱之心,派出所民警用实际行动表明他们为人民服务的信仰。"

因为有次仁罗布这样的榜样,派出所官兵都向他学习,大家一心一意投入到爱民固边活动中,实施了很多便民利民的好措施,切实帮助老百姓解决困难,派出所的凝聚力和战斗力也不断增强。人民群众切切实实感受到党和政府的关怀,边防派出所的威望和地位有了明显提高,在老百姓心里他们是能够信任和依靠的。辖区群众发自内心地说:"在次仁罗布这样切实为人民服务的好警官的带领下,我们的公安边防队伍成了一支全心全意为群众办实事的队伍,我们很满意,相信全面建设小康社会一定会实现!"

在这光辉成绩的背后,我们都不清楚次仁罗布付出了什么:在父亲身患重病住院期间,他没能在旁边服侍和尽孝道,而是集中精力在工作上和群众身上,他的这种先大家后小家的精神令人敬佩。

(资料来源:中国文明网,2016年3月。)

【点评】正是有这样一群在平凡岗位上默默奉献着自己青春的工作者无私付出和坚守着,才换来一方百姓的安稳生活。敬业是公民奋发向上的不竭动力,俗话说得好:三百六十行,行行出状元,社会的飞速发展依靠的是各行各业工作人员的共同努力。工作没有高低之分,只有分工不同,只要有兢兢业业的工作态度,干一行爱一行的职业操守,每个人都会成为各自工作领域的精英,为社会的前进发展助力。

心系铁路 自强不息

1905年5月,袁世凯命令詹天佑修建一条北京到张家口的铁路,即著名的京张铁路。

在此之前中国的技术人员还从来没有独立负责过修建铁路的经历,并且京张铁路全程地势险要,沟壑不断,因此一些西方人高调嘲笑中国:"中国还没有制造这条铁路的人。"美国人针对詹天佑曾经在船上工作过的经历,嘲笑道:"还没有一个工程师是从船上毕业的。"

为此,詹天佑觉得很大的压力压在身上。他心里清楚:京张铁路不是关乎他个人荣誉的事情,而是关乎中国在国际上的声誉。在给美国老师的信中,他这样写道:"我的工作被所有的中国人和外国人紧密关注着,一旦我失败了,那就不仅是我个人的厄运了。因为如若这样,中国工程师将失去人民大众的信任。"为了给国家增光添彩,从接受命令的那天开始,他就对员工说:"努力是第一位的!"

在短短一个月内,詹天佑就跟助手一起完成了对京张铁路全线的勘测和估算任务。在沟壑纵横的连绵山谷和河道间,总能看到他背着标杆、经纬仪等仪器来回穿梭。五月份的北方,正是春天,长城内外时常刮着大风,吹着沙。工作条件虽然十分艰苦,但是詹天佑始终坚持不懈地守在第一线。白天,他常常骑着小毛驴向当地老百姓详细询问情况,晚上就在微弱的灯光下翻阅各种资料,核实方位,计算数据,比较线路,设计绘图。

经过一次又一次的勘测和对比,詹天佑终于确定了总体路线。在詹天佑的努力下,1905年10月2日,顺利开工的京张铁路展现在世人眼前。紧

接着,第二段工程建设也有条不紊地开始了。

整个京张铁路最主要、最困难的一段线路就是第二段了。地形复杂,地势陡峭是第二段的显著特征。在这条线路上修建铁路,开山辟石是基础,还要想办法减小坡度,保障列车安全,开挖四条隧道。

在开挖的四条隧道中居庸关、八达岭隧道可谓是最危险的。詹天佑从青龙桥开始就采用"之"字形线路以降低山峰的坡度,但八达岭隧道长度仍有一千多米。在当时的中国铁路建设中,这么长且艰险的情况是很少见的。在困难面前,詹天佑没有惧怕,而是坚定信心。他还用实际行动鼓舞员工。在他的带领下,难题被一个一个解决,最终京张铁路工程顺利竣工。就像詹天佑说的,"世事至棼也,然衡其究竟,每败于易而成于难。若因其难而畏之,则事之抵于成者卒鲜!"他用中华民族永不放弃、持之以恒的精神,使京张铁路顺利建成,粉碎了西方列强对中国的嘲笑和侮辱,为中国人民争了一口气,增强了中国人民的信心,提高了中国在世界上的地位,向世界展示了新的中国形象。

1919年初,为了维护中国的铁路主权,作为中国代表,詹天佑出席了在海参崴的国际远东铁路会议。他是带病去参加这次会议的。

远东铁路会议期间,詹天佑不顾严寒天气,白天赶往会场,晚上写议案,生怕国家的主权被侵犯。因为劳累过度,詹天佑的腹疾复发,十分严重,迫不得已请假回汉口医治。他拖着生病的身体,再一次登上长城,感叹道:"生命有长短,命运有沉升,初建路网的梦想破灭令我抱恨终天,所幸我的生命能化成匍匐在华夏大地上的一根铁轨……"1919年4月20日,詹天佑回到汉口第四天便去世了,终年59岁。

詹天佑的一生,是伟大的一生,其对中国铁路的贡献是不可磨灭的,将被历史永远铭记,他自强不息的精神和博大的爱国情怀也将一直激励着世人。

(资料来源:中国青年网,2012年2月5日。)

【点评】詹天佑领导修建京张铁路,为当时深受侮辱的中国人民争了一口气,展现了中国人民的智慧。詹天佑的自力更生、发愤图强、不怕困难、艰苦奋斗精神,是他对我国人民伟大精神传统和创新才能的继承与发扬,也是他遗留给我们的伟大精神遗产。在社会安定、物质条件极大丰富的今天，我们应该更加珍惜这样的机会，充分发扬敬业价值观，脚踏实地工作，实现自身价值。

消防战士　铮铮铁骨

2012年2月1日凌晨5点02分，苏州市公安消防支队特勤大队三中队的警铃响了！灾情刻不容缓，在听到警铃的声音后，孙茂珲立马翻身下床，几分钟后就跟战友们一起坐上了消防车，急忙赶往苏州工业园区内的达运精密工业有限公司。

火灾的源头来自于公司的一间大体量电子厂房，有很多员工被困在厂房里面。当战士们赶到的时候，失火现场的情况已经非常严重，当时最迫切的事情就是把人从里面救出来。孙茂珲和另一名战友为了跟死神抢时间，头戴面罩、身背氧气钢瓶，一个箭步从一个烟雾少的地方进入大楼，开始进行搜救工作。经过孙茂珲和战友们的奋力搜救，130多名员工被成功地从里面解救出来，大家都松了一口气。

不过他们得到消息说可能还有被困人员在里面需要救助。孙茂珲没有丝毫犹豫，立马向队长请求再次进入火灾现场。就这样，他和王浩君第三次奔向火海搜救围困人员。王浩君所背的空气呼吸器在进入火场后不久由于气压不足发出警报。接到"立即撤离，同时等待接应"的命令后，孙茂珲与王浩君在安全绳的引导下，试图从原路返回。就在这个时候，一个令人意想不到的情况发生了，高架货架突然倒塌，安全导向绳被埋住了。王浩君很快就没有力气地瘫倒在地上，这时孙茂珲什么都没有想，就和他一起使用自己的空气呼吸器。危险随着时间的延长而越来越大，为了能够出去，孙茂珲开始寻找别的出口。

不幸的是孙茂珲没有找到另外的出口，就因为没有氧气晕倒在地上。6时30分，不省人事的王浩君被成功救出并脱离危险，45分钟后孙茂珲被抬出。在经过两个多小时的抢救之后，医生们还是没能从死神手中抢救回这个年轻的生命，大家悲痛不已。在另一个病房醒来的王浩君得知班长没能抢救回来的消息之后，这个经历过火海的人民英雄伤痛欲绝，直言是孙班长

把生的希望留给了自己。

孙茂珲牺牲的时候只有23岁。孙茂珲自入伍以来，始终铭记自己作为一名消防战士的使命，把人民的利益放在第一位，每每出现灾情，孙茂珲总是冲在最前面。他总是第一个冲在前面的背影永远留在了战友们的心中。

老班长孙茂熙现在还清楚地记得孙茂珲第一次出任务时的场景，当时现场情况十分危急，孙茂珲主动请缨。"他应该从一开始就爱上消防员这个职业了，他是真心喜欢的，不然不可能那么奋不顾身，他真的是把人民的利益放在第一位的。"

入伍以来，孙茂珲一共参加灭火战斗500余次，参加抢险救援400余次，先后荣立三等功2次，嘉奖1次。孙茂珲用生命向人们证明了他对消防员这份职业的热爱。

（资料来源：中国青年网，2012年4月17日。）

【点评】一个人活着的意义不是你得到了多少，而是你贡献了多少。孙茂珲用一次次的实际行动书写着新时期雷锋式好战士的成长足迹。这个阳光大男孩，这个用生命点亮青春光华的战士，他的理想和追求，定会在80后、90后心中生根发芽！让"为人民服务"的真正内涵在新的历史时期再次闪光！

习近平在同全国劳动模范代表座谈时的讲话

同志们：

在五一国际劳动节来临之际，我们来到全国总工会机关，和全国劳动模范代表同庆五一节，共话中国梦，感到很高兴。刚才，9位劳模代表先后发言，讲述了在各自岗位上辛勤劳动、发挥才干的先进事迹，抒发了为祖国发展和人民幸福作贡献的人生理想，听后很受感动、也很受启发。

首先，我代表党中央，向你们并通过你们，向全国广大劳动模范和先进工作者，表示崇高的敬意！向全国各族工人、农民、知识分子和其他劳动群众，致以节日的祝贺！

在我们党团结带领人民进行革命、建设、改革各个历史时期，劳动模范始终是我国工人阶级中一个闪光的群体,享有崇高声誉,备受人民尊敬。

在革命战争年代,"边区工人一面旗帜"赵占魁、"兵工事业开拓者"吴运铎、"新劳动运动旗手"甄荣典等劳动模范,以"新的劳动态度对待新的劳动",积极参加义务劳动,全力支援前线斗争,带动群众投身中国共产党领导的人民解放事业。

新中国成立后,"高炉卫士"孟泰、"铁人"王进喜、"两弹元勋"邓稼先、"知识分子的杰出代表"蒋筑英、"宁肯一人脏、换来万人净"的时传祥等一大批先进模范,响应党的号召,带动广大群众自力更生、奋发图强。王进喜以"宁肯少活20年,拼命也要拿下大油田"的气概,带领石油工人为我国石油工业发展顽强拼搏,"铁人精神""大庆精神"成为激励各族人民意气风发投身社会主义建设的强大精神力量。

在改革开放历史新时期,"蓝领专家"孔祥瑞、"金牌工人"窦铁成、"新时期铁人"王启明、"新时代雷锋"徐虎、"知识工人"邓建军、"马班邮路"王顺友、"白衣圣人"吴登云、"中国航空发动机之父"吴大观等一大批劳动模范和先进工作者,干一行、爱一行、专一行、精一行,带动群众锐意进取、积极投身改革开放和社会主义现代化建设,为国家和人民建立了杰出功勋。

4月20日,四川芦山县发生7.0级地震,给当地人民生命财产造成重大损失。一方有难,八方支援。全国各族人民坚决响应党中央号召,大力弘扬伟大抗震救灾精神,全力支援灾区抗震救灾。灾区广大职工同来自全国各地的救援人员携手并肩、同心协力抓紧生产,全国各行各业广大职工积极守望相助、以实际行动支援灾区。灾区各级工会组织和工会干部,积极开展各种救援行动,让"工人先锋号"旗帜飘扬在抗震救灾第一线,彰显了工会组织的号召力、凝聚力、战斗力。希望灾区广大职工和各级工会组织,为夺取抗震救灾斗争全面胜利作出新的更大的贡献。

长期以来,广大劳模以高度的主人翁责任感、卓越的劳动创造、忘我的拼搏奉献,谱写出一曲曲可歌可泣的动人赞歌,为全国各族人民树立了光辉的学习榜样。

我们已经确定了今后的奋斗目标,这就是到中国共产党成立100年时全面建成小康社会,到新中国成立100年时建成富强民主文明和谐的社会主义现代化国家,努力实现中华民族伟大复兴的中国梦。

尽管前进道路并不平坦,改革发展稳定任务仍很艰巨而繁重,但面对未来,我们充满必胜信心。我国工人阶级一定要在坚持中国道路、弘扬中国精神、凝聚中国力量上发挥模范带头作用,万众一心、众志成城,为实现中华民族伟大复兴的中国梦而不懈奋斗。

人民创造历史,劳动开创未来。劳动是推动人类社会进步的根本力量。幸福不会从天而降,梦想不会自动成真。实现我们的奋斗目标,开创我们的美好未来,必须紧紧依靠人民、始终为了人民,必须依靠辛勤劳动、诚实劳动、创造性劳动。我们说"空谈误国,实干兴邦",实干首先就要脚踏实地劳动。

在迈向未来的征程上,我们必须充分发挥我国工人阶级的重要作用,焕发他们的历史主动精神,调动劳动和创造的积极性。

第一,必须充分发挥工人阶级的主力军作用。工人阶级是我国的领导阶级,是我国先进生产力和生产关系的代表,是我们党最坚实最可靠的阶级基础,是全面建成小康社会、坚持和发展中国特色社会主义的主力军。

改革开放以来,我国工人阶级队伍不断壮大,素质全面提高,结构更加优化,面貌焕然一新,先进性不断增强。展望未来,坚持和发展中国特色社会主义,必须全心全意依靠工人阶级、巩固工人阶级的领导阶级地位,充分发挥工人阶级的主力军作用。全心全意依靠工人阶级不能只当口号喊、标签贴,而要贯彻到党和国家政策制定、工作推进全过程,落实到企业生产经营各方面。

第二,必须紧紧依靠工人阶级发展中国特色社会主义。中国特色社会主义是当代中国发展进步的根本方向,是实现中国梦的必由之路,也是引领我国工人阶级走向更加光明未来的必由之路。我国工人阶级要增强历史使命感和责任感,立足本职、胸怀全局,自觉把人生理想、家庭幸福融入国家富强、民族复兴的伟业之中,把个人梦与中国梦紧密联系在一起,始终以国家主人翁姿态为坚持和发展中国特色社会主义作出贡献。

我国工人阶级要牢固树立中国特色社会主义理想信念,坚定永远跟党走的信念,坚决拥护社会主义制度,坚决拥护改革开放,始终做坚持中国道路的柱石;要自觉践行社会主义核心价值观,发扬我国工人阶级的伟大品格,用先进思想、模范行动影响和带动全社会,不断为中国精神注入新能量,始终做弘扬中国精神的楷模;要坚持以振兴中华为己任,充分发挥伟大创造力量,发扬工人阶级识大体、顾大局的光荣传统,自觉维护安定团结的政治局面,始终做凝聚中国力量的中坚。

第三,必须坚持崇尚劳动、造福劳动者。劳动是财富的源泉,也是幸福的源泉。人世间的美好梦想,只有通过诚实劳动才能实现;发展中的各种难题,只有通过诚实劳动才能破解;生命里的一切辉煌,只有通过诚实劳动才能铸就。劳动创造了中华民族,造就了中华民族的辉煌历史,也必将创造出中华民族的光明未来。"一勤天下无难事。"必须牢固树立劳动最光荣、劳动最崇高、劳动最伟大、劳动最美丽的观念,让全体人民进一步焕发劳动热情、释放创造潜能,通过劳动创造更加美好的生活。

全社会都要贯彻尊重劳动、尊重知识、尊重人才、尊重创造的重大方针,维护和发展劳动者的利益,保障劳动者的权利。要坚持社会公平正义,排除阻碍劳动者参与发展、分享发展成果的障碍,努力让劳动者实现体面劳动、全面发展。全社会都要热爱劳动,以辛勤劳动为荣,以好逸恶劳为耻。

第四,必须大力弘扬劳模精神、发挥劳模作用。榜样的力量是无穷的。劳动模范是民族的精英、人民的楷模。长期以来,广大劳模以平凡的劳动创造了不平凡的业绩,铸就了"爱岗敬业、争创一流,艰苦奋斗、勇于创新,淡泊名利、甘于奉献"的劳模精神,丰富了民族精神和时代精神的内涵,是我们极为宝贵的精神财富。

实现我们的发展目标,不仅要在物质上强大起来,而且要在精神上强大起来。全国各族人民都要向劳模学习,以劳模为榜样,发挥只争朝夕的奋斗精神,共同投身实现中华民族伟大复兴的宏伟事业。广大劳动模范和先进人物要珍惜荣誉、再接再厉,爱岗敬业、无私奉献,做坚定理想信念的模范、勤奋劳动的模范、增进团结的模范。当代工人不仅要有力量,还要有智慧、有技术、能发明、会创新,以实际行动奏响时代主旋律。各级党委、政府和工会组织要高度重视劳模、关心爱护劳模,支持劳模发挥骨干带头作用,帮助劳模解决生产生活中的问题,广泛宣传劳模先进事迹,使劳模精神不断发扬光大。

党对工会寄予厚望,职工群众对工会充满期待。中国工会是中国共产党领导的工人阶级群众组织,是党联系职工群众的桥梁和纽带,是社会主义国家政权的重要社会支柱。中国特色社会主义工会发展道路是中国特色社会主义道路的重要组成部分,深刻反映了中国工会的性质和特点,是工会组织和工会工作始终沿着正确方向前进的重要保证。要始终坚持这条道路,不断拓展这条道路,努力使这条道路越走越宽广。

时代在发展,事业在创新,工会工作也要发展、也要创新。要顺应时代要求、适应社会变化,善于创造科学有效的工作方法,让职工群众真正感受到工会是"职工之家",工会干部是最可信赖的"娘家人"。要把竭诚为职工群众服务作为工会一切工作的出发点和落脚点,全心全意为广大职工群众服务,认真倾听职工群众呼声,维护好广大职工群众包括农民工合法权益,扎扎实实为职工群众做好事、办实事、解难事,不断促进社会主义和谐劳动关系。要高度重视广大职工的多样化需求,不断拓展职工成长成才空间,着力培养造就一大批知识型、技术型、创新型的高素质职工。各级党委和政府要加强和改善对工会的领导,支持工会开展工作,为工会工作提供更多资源和手段,为工会履职创造更好条件。

同志们,千里之行,始于足下。我们国家的发展前景十分光明,但道路不可能一帆风顺,蓝图不可能一蹴而就,梦想不可能一夜成真。人间万事出艰辛。越是美好的未来,越需要我们付出艰辛努力。

真抓才能攻坚克难,实干才能梦想成真。我们要在全社会大力弘扬真抓实干、埋头苦干的良好风尚。各级领导干部要带头发扬劳模精神,出实策、鼓实劲、办实事,不图虚名,不务虚功,坚决反对干部群众反映强烈的形式主义、官僚主义、享乐主义和奢靡之风"四风",以身作则带领群众把各项工作落到实处。

我深信,有党中央的坚强领导,有我国工人阶级和全体劳动群众的团结奋进,有全国各族人民的共同奋斗,我们一定能开创更加美好的未来,中华民族伟大复兴的中国梦一定能够实现!

(资料来源:《人民日报》,2013年4月29日。)

 小贴士

任何一个民族,如果停止劳动,不用说一年,就是几个星期,也要灭亡。

——[德]马克思

少说空话,多做工作,扎扎实实,埋头苦干。

——邓小平

人生在世是短暂的,对这短暂的人生,我们最好的报答就是工作。

——[美]爱迪生

诚信 社会发展之基

加快推进对失信被执行人信用监督、警示和惩戒建设,有利于促使被执行人自觉履行生效法律文书决定的义务,提升司法公信力,推进社会诚信体系建设。要建立健全跨部门协同监管和联合惩戒机制,明确限制项目内容,加强信息公开与共享,提高执行查控能力建设,完善失信被执行人名单制度,完善党政机关支持人民法院执行工作制度,构建"一处失信、处处受限"的信用惩戒大格局,让失信者寸步难行。

——习近平

一、诚信的内涵

(一)什么是诚信

诚信,即诚实和守信用,指为人处世坦诚实在,信守诺言。诚信被称为公民的第二张"身份证"。诚,侧重于真诚坦荡、真实无妄的内在道德修养;信,侧重于处世无欺、外信于人的做事原则践行。诚与信组合起来,便是内外兼备、表里如一的道德人格。诚信作为立人之本,一直是中华民族在行为规范和道德修养方面独具特色的价值观。诚信,就是持真诚之心,行义信之事,是指诚实无欺,讲求信用。

1. 诚信是人的立身之本

从字面上理解,诚信就是诚实守信的意思。中华民族历经五千年风雨,诚信是传承下来的优良美德,是国人引以为豪的优秀品质,更是确保社会稳定和有序向前发展的伦理要求。在社会主义市场经济建设的重要时期,诚信的重要性更为凸显,在社会主义市场经济条件下构筑牢固的诚信壁垒,能够使欺诈、谣言等有悖于市场发展的因素不攻自破。

诚信包含"礼于外,诚于内"。其基本内容是信用、诚实、诚恳,也就是以诚待人,靠诚取信于人。"诚"不仅是道德的根本和基础,也是一切事业得以成功的保障。"信"是一个人形象和声誉的标志以及个人所应具备的最起码的道德品质。在当今社会,诚信已经不仅仅局限于传统的个体道德修养层面,更是现代公民的社会公德、在公共领域交往的规矩和政府机构的行事准则。小到人与人之间的约定,大到国与国之间的条约,都须讲诚信。

2. 诚信是社会建设的基本要求

只有国家社会都讲诚信,诚信才能成为整个社会普遍存在的状态,才能成为维系整个社会的纽带。只有人人从"我"做起,让诚信真正扎根人心,人与人之间才会更加友善,社会文明才能更进一步。

首先,诚信是社会主义核心价值观个人价值准则的基本要素。社会主义核心价值观个人价值准则构成中不可缺少诚信,它是为人之本,做事之基。在人际交往中,诚信是一种良好的品行,具有诚信品行的人,可以得到他人的信任,同时也可以得到他人的尊重,诚信还是一种责任,诚信肩负着对他人与社会的道义责任,诚信不仅可以规范社会秩序,还可以塑造良好的国际形象。诚信不仅在个人道德构成中非常重要,而且是社会道德构成中的一个重要因素。因此,要大力倡导诚信教育,促使社会公众形成良好的道德规范。

其次,诚信是社会主义核心价值观个人价值准则的道德基础。讲求诚信,会使得国家与社会处于规范化的发展状态,向世界展示中国的大国形象。诚信是爱国的表现。在自己的职业中讲求诚信,可以使得事业发展渗透真诚因子,尤其对于社会主义市场经济而言更为重要。不诚信使得假冒

伪劣滋生，假冒伪劣又使得市场经济链条断裂。诚信还有利于建构良好的人际关系，诚信使得人与人之间真诚交往，没有虚假，以此建构和谐友善的人际关系。据此而言，诚信是个人价值准则的道德基石和重要保障。积极培育以诚信为道德基础的个人价值准则，是推进社会主义核心价值观落实的基本条件。

最后，诚信是社会主义核心价值观个人价值准则的基本价值取向。诚信是处理人际关系的基本道德原则，是人与人之间相互尊重和帮助沟通的桥梁。在现代化社会中，诚信已然成为现代所认可的共同价值准则，得到广泛的遵循。在诚信的力量下，人与人、人与社会群体之间的摩擦减少了，人类社会更加和谐发展。

3. 诚信是人们必备的优良品格

一个人若没有诚信就无法立足于社会，最终将一事无成。一个人只有讲诚信，才会有信誉，才会在自身修养上得到不断完善；人讲诚信，才能赢得他人的信赖和尊重，才可以在人际交往和工作学习上取得成功，诚信对于我们自身修养、人际关系、工作经商等，都是一种不可缺少的美德。一个社会拥有诚信，社会生活才可能健康有序进行，一个国家讲诚信，其在国际社会中的地位才能不断提高，由此可见，诚信在人类社会发展中具有非常重要的作用。中国传统的诚信观侧重于诚信的道义性，即人生价值不止在于物质利益需要的满足，而应该更加注重自我道德的完善。从传统文化的视角看待诚信的内涵，是基于古代小农经济的物质基础而言，是重义轻利的，因此，传统的诚信内涵已无法适应以市场经济为基础的今天。纵观西方的诚信观，建立在商品交易基础之上的西方诚信，往往与"经济成本""收益"联系在一起，更加侧重于以诚信为基础的交易。但是，值得注意的是，受这种价值观的影响，是否破坏信誉完全以交易双方的自觉为前提，一旦交易者有通过破坏信誉从而获取更大收益的机会，破坏信誉的行为就有可能发生。虽然西方社会与利益相挂钩的诚信是市场经济趋利性的体现，但是如果人与人之间为了自身利益肆意作出不守诚信的行为，那么不但社会风气会随之败坏，就连整个市场经济发展也会遭受巨大打击。这在马克思、恩格斯的理论中得到了印证:马克思认为在资本主义市场经济发展过程中,资本对利润的贪婪追逐决定了资本主义社会必然存在大量不诚信现象。但是,马克思、恩格斯同样认为,经济利益是一切经济活动的出发点,是理解信用和诚信的重要根基。所以说,我们不能全盘否定资本主义的功利诚信观,但也不能完全吸收采用,应该与我国传统的"重义轻利"的诚信观相结合,培育具有中国特色的社会主义诚信观。

(二)社会主义市场经济环境下的诚信

社会主义核心价值观中的诚信既不是简单的"重义轻利"的传统诚信观,也不应该是资产阶级"利己主义"的诚信观。本着取其精华,去其糟粕的思想,我们将社会主义诚信观定义为义利结合的诚信,即它并不是同利益格格不入的纯粹道德修养,而是建立在道德需要和物质利益的最佳结合点上,鼓励和允许人们在遵守诚信的基础上去追求利益。社会主义核心价值观中诚信的内涵,主要是基于我国当前的经济形式是社会主义市场经济,追逐利益属于正常的行为导向。邓小平一再强调:"革命是在物质利益的基础上产生的,如果只讲牺牲精神,不讲物质利益,那就是唯心论。"换言之,就是强调在生产生活中人们离不开对利益的追求,人们恪守诚信也需要建立在物质条件极大丰富的基础之上。尽管如此,我们还是需要关注以怎样的方式去追求利益,诚信的方式和不诚信的方式导致的结果大不相同。对此,我们认为采用在遵守诚信原则的基础之上追求利益的方式是最合理的。也就是说,"尚利兼义""见利思义"的价值取向应该是社会所提倡的。因此,对社会主义核心价值观中诚信的内涵最真实的表述就是鼓励人们构建在追求利益时以遵守诚信的道德规范为原则将利和义有机结合起来的价值观。义利结合的诚信在市场经济活动中将会大大减少交易成本,保证交易双方的长久利益,促进交易的良性循环。

二、诚信是我国的传统美德

在中国传统文化中,诚信是个人人格完善和社会道德评价的核心内容。

中国传统文化历来注重个人在社会发展中的地位,但是它更加注重的是个人内在的道德修养、人格完善,是服务社会、效忠天下知识的丰富和能力的提升,而不是外在的物质积累、财富增值,是道义仁爱而不是物化利益,是公德之心而不是私利之欲。因此,中国社会道德价值观的走向,不是建立在追逐个人物欲私利基础上的个人主义,而是立足自身、奉献社会、忠诚国家、放眼天下的集体主义,在这种道德价值观中,诚信处于至关重要的地位。修身是人格完善的核心环节。追求人格完善和道德至善,是中国传统文化的核心内容之一。

(一)诚信是个人修养的根本要求

诚信是个人修养的内在基础和根本要求,是实现个人人格完善、道德提升的关键要素。孔子特别强调诚信在个人修养和人格完善中的重要地位。在他看来,仁义是君子人格的至高境界,诚信则是达到仁义的基本途径,能够做到诚信就接近了仁义。诚意,就是不自欺,就是高度的自律和慎独,做到"诚于中,形于外",能够自觉地抑恶扬善,在内心达到对善的高度认同和自觉,对于恶的坚决拒绝和自觉抵制,注重个人的自我约束而不是外在的强制约束。正心,就是心正不斜,排除那些影响个人人格完善和道德提升的物欲、私利以及各种私心杂念,达到内心存善敬德,以提升自身修养。在朱熹看来,诚意、正心是个人修养的"当务之急",绝不能忽视。

(二)诚信是社会道德和价值评价的核心

诚是个人道德追求的至高境界,是社会道德评价的根本标准。诚是真实无妄的圣人之德,是人们最高的道德追求目标。同时,诚也是衡量个人道德境界的根本尺度,是社会道德评价的最高标准,每个人都应该以诚为内在的道德追求和至上的价值目标。信是做人的基本行为规范,是人与人之间关系的根本准则。孔子主张,为人必须要做到"言必信,行必果","人而无信,不知其可也"。言而有信才能取信于人,才能获得朋友的信赖和支持,才能在人际交往中站稳脚跟并进而实现自己的理想。

在当今时代条件下,诚信是社会主义核心价值观的重要内容。中国传统文化中积淀下来的诚信道德原则,不仅符合马克思主义关于人的自由全面发展的社会发展目标,而且成为社会主义市场经济的基本伦理和社会主义制度优越性的重要体现,从而构成了社会主义核心价值观的重要内容。

(三)诚信符合人的全面发展的目标

马克思、恩格斯在《共产党宣言》中明确提出,代替资产阶级社会的"将是这样一个联合体,在那里,每个人的自由发展是一切人的自由发展的条件"。在这里,人的自由全面发展不仅是对于自然的认识和改造,而且是对于社会和人类精神的改造、提升,是个人道德和人格的提高、完善,是一个主观与客观、自然与社会、物质与精神、文化与道德有机统一的综合性目标。在《1857—1858年经济学手稿》中,马克思提出了三大社会形态理论,科学论述了人格发展的三个境界。人类发展的第一个阶段是人与人直接依赖的人格不独立阶段,人们相互依赖而能力低下;第二个阶段是建立在人对物的依赖性基础上的人的独立性阶段,人虽然获得了能力的提升和人格的相对独立,但是存在着社会的不平等和发展的不完善;第三个阶段是个人全面发展和共同占有社会财富的人的独立性阶段,人们不仅能够掌握自然和社会发展规律,而且能够掌握精神发展的规律,每个人都达到了高度的自主发展、能力提高和人格完善,实现了人的全面解放。

马克思主义关于人的自由全面发展的理论,在中国革命、建设和改革的实践中,得到了贯彻、发展和完善。毛泽东明确提出了"五种人"的道德境界,邓小平提出了"四有"新人的标准。在这些论述中,人格完善和道德提升始终是一个重要指标。

诚信的道德原则,特别强调诚乎其中,信乎其外。一方面,把内心的真实无妄作为内在的自我约束,强调个人道德的自律发展,实现人的自主自觉精神和人格发展境界;另一方面,把人与人之间的诚实守信作为基本的行为规范,谋求社会共同体的和谐相处、人与人之间的共同发展。这无疑体现了人的自由全面发展的内在要求,符合人的自由全面发展的目标指向,是人的

自由全面发展的重要指标。

三、我国培育诚信的路径

(一) 强化政府公信力

现代社会的组织机构,决定了政府在社会运转中处于核心地位,因此,政府是否诚信,自然而然成为社会诚信的影响因素。因此,加强政府诚信建设,提升政府公信力成为我国当前亟须解决的重要任务。

1. 推进政府信息公开化进程

诚信的缺失,在很大程度上与信息不对称有关。民众对政府的信息知道得越少,越容易造成对政府的怀疑猜忌,认为政府不作为,从而使政府失信于民、失信于社会。《中华人民共和国政府信息公开条例》规定:"各级人民政府应当建立健全信息公开制度,并开展及时、准确的信息公开工作。"这就意味着每一位公民都有权利了解政府的相关信息,并且政府必须有计划、有组织地开展信息公开工作。推进政府信息公开化进程实际上是现代政府取信于民的有效途径,通过帮助民众更加方便地了解、参与国家政策方针的制定和实施,促进政府改善自我形象,提升公信力。同时,也是民众对政府工作内容、政府公职人员行为规范进行的监督,可以减少政府失信行为的发生。

2. 构建清正廉洁的政府

政府腐败已经成为"政治之癌",它不仅侵蚀着政治机体本身,而且直接腐蚀民众对政治的信任,成为政府诚信建设的最主要障碍之一。我们应在以习近平总书记为核心的党中央的领导下作出更大努力,将反腐进行到底,构建"不能腐"和"不想腐"的良好政治生态。2016年作为国家"十三五计划"的开局之年,如何通过制度反腐"着力营造政治上的绿水青山"成为一道必须直面的题目。在全面依法治国的总格局下,管党治党必须依靠党规党纪,全面从严治党,必须要用严明的纪律管住全体党员。破法无不从破纪始,通过修订党纪处分条例将纪律挺在法律前面,以纪律为戒尺,尽量"抓小抓早",应成为反腐工作的首要任务。习近平总书记有关"让群众更多感受到反腐倡廉的实际成果"的宣示,释放出一个重要信号:国家将更加重视社会监督体制的再完善。巡视就是一个有力的监督,目前我国的巡察制度尚需完善,需要对巡察对象、范围、频度、内容、方式和巡察队伍建设方面作出进一步完善和改进。

3.建设诚信责任政府

如今,在民主政治理念的推动下,我国政府传统的"权力行政",已不能适应政治发展的需要,因此,必须尽快将"权责一致"的理论转变为现实,建立责任行政范式,迫使行政机关承担起公共行政的责任。加强政府行为的问责制,建立起责、权、利明晰的政府行政体制,不仅奖励政府管理过程中的突出政绩,还要追究政府管理过程中的重大责任,而且需要明确这种责任追究实行岗位终身制,无论在岗还是不在岗,只要出现问题就要寻根究源找到责任人进行追责。首先,必须制定问责相关条例,清楚划分相关责任人所属的职能部门,确定严格的追究处罚制度。其次,做好问责工作,对问责过程和环节的处理必须严密且向大众公开。最后,要完善党内规章制度,加强民主监督,破除内部问责所产生的一切阻碍,从根源上促使问责工作顺利展开。

(二)发挥道德示范作用

首先,评选表彰道德模范。在诚信道德建设中,身教无法被其他方式所取代,榜样的示范作用是深刻的。在国家大力倡导全民进行道德学习、践行社会主义核心价值观的感染下,越来越多体现诚信道德的模范人物涌现出来。针对事迹突出、群众公认、典型性强的道德模范,我国每两年举办一次全国道德模范评选并在北京隆重举行授奖仪式,邀请国家领导人向全国道德模范颁发奖章。

其次,开展诚信主题活动。俗话说"人以诚立身,国以诚立心"。无论对于国家还是个人,诚信都是必不可少的素质。而在诚信道德培育过程中,开展相关的主题活动无疑是一个深化教育的好方法。在我国,这样的活动有很多,以与广大人民群众生活息息相关的行业为重点,以"重质量、重信誉、重口碑"为主题,组织开展诚信示范系列行动。通过"红黑榜""评选文明诚信示范单位"等形式,进一步倡导"讲诚信光荣,不讲诚信可耻"的社会风尚,从而调动人民群众参与的积极性,提升诚信建设活动的知晓率。

报纸、广播、电视等新闻媒体都是党、政府和人民的喉舌,肩负着宣传党的政策、方针等重任。尤其是对于具有独特属性的主流媒体来说,主导着主流舆论的导向,反映着中国共产党的意志和广大人民群众的心声,具有极高的文化感染力和公信力。随着社会发展,网络、手机等新媒体作为当代最具革命性的科技成果之一,以一种全新的传播载体向人们进行社会主义核心价值观的传播。面对社会新形势,主流媒体在保留传统方式的同时也将主阵地转向新媒体,以最快的速度进行信息更新,利用可视化、形象化的声像、影像作品等创新诚信理念的传播形式。

(三)增强法律意识,树立诚实守信的做人原则

在社会主义市场经济条件下,诚信与法治是相互补充、相互支持的,健全的法制体系既是诚信规范的前提和基础,又为诚信规范的确立提供最基本保障。

道德的要求在一定条件下须通过法律和制度的手段来实现,道德的某些功能则转化为法制的功能。那些被视为社会交往基本而必需的道德正义原则,在一切社会中则被赋予了强制性质,道德原则约束力的增强,是通过它们转化为法律规则来实现的。首先,诚信是一个道德范畴,它要求人们注重内心的道德修养,以德立人,确立诚信的品格。诚信的道德品格养成后,就可以转化为诚信的道德实践,以诚待人。其次,诚信又是一个法律范畴,它要求民事主体在从事民事活动,行使权利和履行义务时,讲究信誉,恪守信用,行为合法,不规避法律和曲解行为人的意思等。诚信的道德含义和法律含义在本质上是一致的,都要求人们诚实守信,只不过道德层面的诚信强调内在的修养,而法律层面的诚信强调外在的强制,二者的着力点不同,但与"诚""信"二字的侧重点却是一致的。

我国民法中确立诚信原则的目的,不仅在于建立和维护正常的商品交换秩序,而且在于建立和维护社会主义新型人际关系。在我国,由于消灭了剥削制度,也就从根本上消除了人们相互对立的经济根源,人们之间的关系应当是相互协助、相互信任的关系。人们进行社会交往,应当以诚相待。因而,我国民法确立的诚实信用原则,有利于社会主义新型人际关系的建立,有利于社会主义精神文明建设。

诚信于己是道德品质问题,于人则是一种社会责任。实现社会和谐,建设美好社会,自古以来就是人类不断追求的理想。构建社会主义和谐社会,离不开人与人之间的关系、人与社会之间的关系和人与自然之间的关系,三者之间相互联系、相互渗透、相互促进,但都未离开"以人为本"这条主线。民主法治,是社会和谐的政治和法制基础,是构建社会主义和谐社会的首要目标;公平正义,是社会的利益分配机制和价值判断标准;诚信友爱,是基本的道德规范;充满活力,是充分调动社会各阶层的力量积极进取,在心情舒畅、宽松融洽的环境中发展的社会氛围;安定有序,是社会发展的前提和起码条件,没有安定的政治局面就没有发展。

因此我们应加强思想道德建设。正如习近平总书记在十九大报告中强调:"推进诚信建设和志愿服务制度化,强化社会责任意识、规则意识、奉献意识。""深入实施公民道德建设工程,推进社会公德、职业道德、家庭美德、个人品德建设,激励人们向上向善、孝老爱亲,忠于祖国、忠于人民。"

用最好的材料打造藏餐饭馆标杆

仁青桑姆是一个平凡的家庭妇女,来自于墨竹工卡县日多乡。十几年来,仁青桑姆已成为日多乡远近闻名的"致富能手",这不仅得益于中国共产党富民政策的引导,还在于她自己不怕苦、不怕累,努力拼搏,诚信经营。仁青桑姆经营的"刚坚丁肉妈妈饭馆"在那一片很出名,大家都到她那去吃饭。原因在于经营过程中她始终坚持用质量最好的食材:肉、料、奶、茶都用最好的,为客人们提供最好的藏餐。

到丁肉妈妈饭馆吃饭的人,心情总会很好,高兴地来,满意地走。因为饭馆环境好,服务热情。为了让顾客吃得放心,饭馆向所有顾客开放。丁肉妈妈饭馆赢得了当地人和中外游客的信赖、称赞,仁青桑姆也给日多乡的妇女群众勤劳致富树立了榜样。

仁青桑姆是一名党员,她时时刻刻以党章来要求自己,遵纪守法,牢记自己作为一名党员的职责和使命,给周围的人树立了良好的榜样。2011年7月,仁青桑姆被墨竹工卡县授予优秀党员的称号。为了营造和谐的社会氛围,她努力宣扬友好和睦的邻里关系,经常组织大家开展增进感情的邻里活动,构建互帮互助、和谐的邻里关系。

16年前,仁青桑姆还是一名普通的家庭妇女。那个时候,牧区的妇女们都是经年累月的辛苦干活,但也只能挣到很少的钱,吃不饱穿不暖,生活非常贫困。她决心改变这种现状,想要通过自己的双手和努力闯出一条发家致富的路子。1998年她开办了日多乡第一家丁肉饭馆。随着时间的推移,饭馆的规模进一步壮大,最初的1万元资产到现在已经达到100多万元。她不仅自己实现了脱贫,还带动日多乡经济的发展,解决了部分乡亲的就业问题。

2010年仁青桑姆创立了思情拉措畜牧产品加工专业合作社,加工酸奶、奶渣、酥油等。作为县里的致富能手,她自己致富后,更是帮助贫困乡亲们脱贫,为日多乡的乡亲们提供了20多个工作岗位,人均增收2000元。作为一名共产党员,她用实际行动践行了为人民服务的宗旨,为贫困的学生捐款,资助他们完成学业,平均每年为日多乡教育事业贡献4500元。

(资料来源:拉萨文明网,2015年8月5日。)

【点评】作为一名普通民众,仁青桑姆诚实守信的品格值得所有人敬佩。诚实守信是公民做人做事的立足之本,诚实守信是中华民族的传统美德,是公民道德建设的基本规范。诚信是人类社会共有的根本性道德原则和行为准则,是我国自古以来尊奉的立身治国之本,也是当前我国社会政治、经济、文化、司法、教育等活动中的一条重要原则。

做人要诚实　做事要诚信

从学校毕业后,邓传根干过很多工作。1996年开始办厂从事木材加工、经营,如今又成立了安超木业有限公司。在邓传根几十年的经商生涯中,"诚实守信"是他一直以来秉持的理念。他常常告诫公司员工:做人要诚实,做事要诚信,公司员工与跟他合作过的客户也是这么评价他的。邓传根就是靠诚信来发家致富的。他曾说:"诚实是靠父母基因遗传和后天接受良好教育形成的品格,体现着一个人正确的人生价值观。守信是成为一名合格商人所必须奉行的准则,它是一个企业的生命力所在,是一个企业能够一直生存和发展下去的关键。"

公司刚刚成立的时候,很难融到资金。对于每一笔融资,邓传根都铭记于心,什么时候该结息,什么时候该还,他都提前做好准备,没有出现过问题。正是因为他的诚实守信,金融部门与他彼此信任,这就为企业的发展打下了坚实的基础。

如何看待诚实守信与从事经营活动的关系呢?邓传根这样说道:"诚实守信就是公平、平等、信守契约。"2008年全国发生大范围雪灾,邓传根的公司也未能幸免于难。公司厂房、仓库被积雪压坏,遭受了极大的损失,公司的生产陷入困境。很多树木被大雪压坏了,一些树木供应商急需把手上的树木销售出去。天灾在前,本可以不收购的,但是邓传根却想尽办法筹钱来修理仓库,按照合同收购了供应商被雪压坏的树木,并都以现金支付,帮助供应商们解决了一个大难题。正是因为他诚实守信的品质,在合作过程中赢得了供应商的信任。合作中,他们也由原来供应与被供应的关系转变为互帮互助互相信任的好朋友,真正实现了合作共赢。

邓传根是一个热心公益事业的企业家,在与他人交往中,他总是用真心对待他人。家乡的修桥修路、资助贫困生、福利院捐助等,国家的抗洪救灾、非典、抗震救灾等,都能看到他捐款的身影。他用实际行动得到了社会的认可。在知道当地有一位残疾人生活困难后,他主动给这位残疾人安排了工作,帮助他购买养老保险,帮助他解决了生活问题和养老问题。

邓传根与公司员工的关系非常好,他主动了解员工的生活和需要。有一位已经离开公司的员工的孩子患有白血病,家里经济条件不好,他知道后,马上送了1000元到这位员工家里,给他加油打气。

邓传根的人生因为他"诚实守信、一诺千金"的理念而不凡。2006年共青团安庆市委员会授予他"安庆市青年创业之星"称号,他还当选为中国政治协商会议望江县委员会政协委员,他的公司也被中共望江县委县政府授予很多荣誉称号。

(资料来源:安庆新闻网,2015年3月11日。)

【点评】邓传根同志始终秉承诚信的理念,是值得人们敬佩的,正如陶行知说:"千教万教教人求真,千学万学学做真人。"一个社会能否和谐,一个国家能否长治久安,很大程度上取决于全体社会成员是否具有诚信和宽容的品格。诚信和宽容主要依赖于我们每一个人都要有诚实守信的态度、与人为善的情感,也就是要有诚信美德。

环卫工作虽平凡　拾金不昧品德高

王洪海是一名环卫工人,从事这份工作半个月后的早晨,在火车站附近进行卫生清理工作时,他打扫邮政储蓄银行旁边的一个角落,在垃圾堆里捡到了一个很新的钱包,打开一看,里面有很多重要的证件。王洪海看到失主身份证上显示的信息是外地人,猜想可能是来烟台的外地人在买火车票时不小心丢的。担心失主着急,他决定原地等候,虽然当时很热,太阳很大。两个小时后,王洪海等来一位年轻人,他询问王洪海有没有看到一个钱包。经过仔细核实,王洪海确定眼前的年轻人就是钱包的主人,赶紧把钱包还给了小徐。小徐说,他是西北大学的学生,这次是跟随老师来烟台实习的,钱包和手机在坐公交的时候不小心丢了,但是实习又快要结束了,自己得回学校去,身份证和银行卡的丢失让他非常着急。抱着一点点希望,去丢钱包的周围找找,没想到真的找回来了。"真的非常感谢大爷,给他买水也不收,请他吃饭也不答应,真是非常好的人,我很感动。"为了表达自己对大爷的感激之情,小徐把这件事情发到了网上,这件事在微博、微信上引起了广泛关注,大家纷纷为王洪海的善举点赞。王洪海所在的物业公司给他颁发了荣誉证书,对他拾金不昧的举动进行了表扬,公司组织员工学习他这种正能量精神。

王洪海老人觉得这是件很小的事情,是自己应该做的。他说,要是当时失主没有找来的话,我也会想其他办法把钱包还给人家的。丢了东西,人家肯定会着急,况且丢失的都是一些重要的证件。捡到东西并归还失主,是一名烟台市民应尽的义务。和王洪海一样,他的老伴也是一名环卫工人,她负责的地方人流量非常集中,所以经常能捡到东西,但是不管捡到的物品是便宜还是贵重,她都会想尽办法联系失主,这是他们家一直以来的习惯。虽然王洪海没有读过多少书,但是他明白一个道理,拾金不昧是中华民族的传统美德,是一个人道德的体现,他要做一个有道德的人。他不仅自己身体力行,而且教导家人要做一个有道德、对得起社会的人。

(资料来源:中国文明网,2016 年 12 月。)

【点评】 常言道,诚者,天之道也;思诚者,人之道也。对于个人而言,拾金不昧不只是一次行动,而是其人格力量及高尚情操的无声呈现,环卫工人王洪海一家人多次拾金不昧,用实际行动证明有比金钱更重要的东西,那就是诚实、诚信、仁爱的高尚道德人格,他们用点滴善举传递了社会正能量,点亮了人性真善美,反映出中华民族淳朴、善良的优良品质,折射出华夏儿女人性的光辉。

个人诚信是基础　企业诚信是核心　政府诚信是关键

诚实守信是社会文明进步的永恒要素,是维系社会正常秩序的基本准则,是建设和谐社会的重要条件。一个社会的诚信之程度从来都是衡量国民之人文素质以及社会生活水准的重要标志,更是衡量其政治制度化水平及其政治秩序的重要标准。过去,我们一直将诚实守信作为中华民族的传统美德来传颂。然而,近年来相继发生的一系列恶性食品安全事件表明,诚信这一传统美德不是被发扬光大了,而是被某些人抛弃了。

人无诚信不立,业无诚信不兴,国无诚信不强。一个社会诚信的缺失,道德的沦丧,比任何事情都可怕,后果最严重,最不可弥补。首先,诚信缺失造成社会风气败坏,道德水平滑坡。社会诚信缺失使人与人之间、企业与企业之间充满了不信任感,人人都以戒备的心态来对待别人,整个社会的道德风险加大,道德水平下降。其次,诚信缺失严重影响市场经济健康运行。诚信的缺失,一方面造成交易主体不被对方信任,限制交易主体自身发展;另一方面为防范交易风险被迫增加交易成本,使得经济活动萎缩,经营效率低下甚至破产。最重要的是,社会信用链条的中断和损害,破坏了市场机制和市场经济规则。再次,诚信缺失严重影响我国企业的国际竞争力,也严重损害国家形象和声誉。

温家宝总理与网友进行在线交流时曾说过:"现在影响我们整个社会进步的,我以为最大的是两个方面。一是社会的诚信,一是政府的公信力。这两个方面解决好了,我们社会就会大大向前迈进一步。"因此,我们应通过长期不懈的努力,构建与社会主义市场经济相适应、与社会主义法律体系相协调、反映社会主义先进文化要求、面向世界面向未来面向现代化的社会诚信体系。

个人诚信是社会诚信体系的基础。整个社会是由成千上万的个体所构成,从一定程度上说社会诚信是个人诚信的总和。因此,个人诚信对诚信社会的建立有着非常重要的基础作用。确立个人诚信,一方面需要加强诚信教育,使个人树立牢固的诚信意识;另一方面则需要个人信用制度的建立与完善。个人信用制度作为一种外在的强制力量,使"有诚信者将畅通无阻,无诚信者将寸步难行",可以起到规范约束个人社会行为的作用。每个人完整的诚信记录将使个人不敢越雷池半步。

企业诚信是社会诚信体系的核心。企业是经济活动最重要的单元,它的运行好坏直接关系到经济发展的状况。一个企业要想在激烈的市场竞争中取得最终胜利,诚信是其中非常重要的手段。所以,企业诚信的好坏将会直接影响社会经济秩序的稳定。企业诚信通过合法获利的方式使资源实现真正的优化配置,保证市场经济持续、健康、快速的发展。企业诚信建设涉及企业的方方面面,是一项系统工程,是企业全员、全过程、全方位的事。企业要以"诚信企业"评价为载体,以"重合同守信用"为抓手,从诚信文化、诚信教育、诚信制度和诚信品牌等方面着手,有诺必践,诚信为本,全面推进企业诚信建设。

政府诚信是社会诚信体系的关键。诚信政府是诚信社会的定心石,政府只有做诚信的楷模,才能增强公众的信任感、归属感和责任感,并带动整个社会的诚信建设。因此,我们必须确立政府诚信原则,塑造诚信政府。诚信政府的建立,是自律和他律的统一。从自律的角度看,政府诚信应突出强化政府公务员的诚信道德修养,强化政府服务意识。从他律的角度看,政府诚信的建构需要完善政府诚信制度。

(资料来源:《南方日报》,2011年4月25日。)

小贴士

言必信,行必果。

——孔子

诚信为人之本。

——鲁迅

友善 中华民族传统美德

国无德不兴,人无德不立。必须加强全社会的思想道德建设,激发人们形成善良的道德意愿、道德情感,培育正确的道德判断和道德责任,提高道德实践能力尤其是自觉践行能力,引导人们向往和追求讲道德、尊道德、守道德的生活,形成向上的力量、向善的力量。只要中华民族一代接着一代追求美好崇高的道德境界,我们的民族就永远充满希望。

——习近平

一、友善的内涵

"友善"是中华民族的传统美德之一。"友善"包含善待亲友、他人、社会、自然等。善待亲人可以和谐家庭关系;善待朋友,善待他人,可以和谐人际关系;善待自然,可以形成和谐的生态关系。能否以友善的态度为人处世,不但体现一个人的道德水平,而且体现一个民族素质的高低。"友善"不像敬业等职业道德那样指向特定的群体,它是与人际关系紧密相连的道德要求,是各阶层各行业都应该积极倡导的具有基础性和普适性特点的价值观。只有我们在日常生活中发扬互助友善的精神,倡导并保留友善之情,人间才能充满更多的真情,社会才会更加和谐。

整个社会都提倡营造友善的社会氛围,不仅有助于人与人之间沟通交流,而且有利于社会主义和谐社会的建设。当前社会人与人之间的关系变得很微妙,待人不善、待物不善,如虐猫、虐狗、随意污染环境、轻视农民工等现象常常见诸报端,在社会上造成了不良影响。因此,必须大力提倡营造友善的社会氛围,以改变当前的社会状况。公民更应该树立友善的价值观,在社会交往中以身作则,并在社会生活中起到宣传带动作用。在我国的传统道德规范中,友善是重要的道德品质之一。友善就是友好与善良,阐释了"视人皆为友,我必善待之",从其内涵分析,友善具有富有爱心、学会宽容、团结协作、善待自然等内涵。友善之爱心,即具有慈善之心,对待他人与社会怀有真诚的爱心与善心;友善之宽容,对待错误与误解予以谅解,面对矛盾与摩擦予以调解;友善之团结,具有团队精神,注重大局,关注整体利益;友善之善待自然,将人与自然的和谐相处摆到重要位置,反对破坏环境的行为。

富有爱心就是在尊重的前提下能够宽容与平等地对待他人及自然,从而使得人与人之间能够在互相帮助、互相友爱的氛围下和睦相处,包括化解矛盾。在人与人之间的交往中,由于沟通不够,观点不一,认识方法的差异等,必然会产生各种误会与矛盾,面对这些问题,要学会用宽容的心态对待,如此才能建立起良好的人际关系。团结协作是指在组织内部,通过团队力量来攻克难关。一个人的力量是有限的,但是当其成为团队的一员,并将自己的利益从属于团队,以大局为重时就会产生巨大的力量。加强团队成员之间的合作是战胜一切困难的力量源泉。人生活在自然中,应热爱自然,善待自然,敬畏自然。在社会主义条件下,友善作为社会主义核心价值观个人价值准则的基本规范,为实现伟大复兴的中国梦创设了一个良好的环境。

二、友善的意义

(一)友善是公民的基本道德规范

人的社会性本质决定了友善是公民的基本道德规范。随着社会分工的进一步细化，公共领域的不断拓展，友善作为公民的道德规范意味着在社会生活中公民要有公共意识，在实现自我权利、利益的同时，必须将他人的权利和利益纳入自己的视野和思考中，必须明晰自我与他人权利、利益的边界。在友善的范围内，个人的权利和利益是合理且被允许的，超过这个范围，个人的行为会受到谴责和制止。友善作为公共道德原则，要求人们在社会公共生活中维护自我权利和利益的同时也维护他人的权利和利益。

在社会公共领域，存在公共利益、公共服务，友善作为公民的基本道德规范体现为满足他人对公共利益和公共服务的需要而创造条件。友善的公民能够在社会提供的有限利益和服务的基础上，努力协调在获取公共利益和公共服务过程中出现的冲突，并缓解矛盾，消除出现的负面效应，保持彼此间的和平共处。友善的一个重要作用是，它制约公民的任意行为和减少意外事件的发生，让每个公民在公共生活中有所节制，让公共利益和公共服务得以被充分享用。友善成为公民的基本道德规范，是由人的社会性本质所决定的。在公共领域不断拓展，社会分工进一步细化，社会日益多元化的今天，友善显得更为重要。

（二）友善是个人应具备的美好道德品质

公民身份规定了任何个人都要在社会中生活，都要与他人交往，发生关系，而且只有在交往中才能实现自身价值，自我才能得到确认。公民在社会中共同生活，有共同利益，同时也要满足自己的需求，实现自己的利益。公民的需求只有在共同生活中才能得到满足，每个人的需求不一样，利益也不一样，这样必然存在矛盾和冲突。如果没有友善的道德品质，就很难跨越差异和矛盾的沟壑，交往和合作就变得困难，个人的权利和利益也难以顺利实现，社会的正常运作就会受到影响，公共利益也很难得到充分共享。友善既指向他人也指向自己。公民应该拥有真诚的心，成为善良的人，在公共生活中做到友善，这是公民进入社会共同生活的道德姿态。友善的道德品质促使人们在纷繁复杂的生活中，面对多元的价值观，面对不一样的人时能够主动寻求共同点，谋求彼此的认同，积极履行自己的义务。

在日益频繁的交往中,友善成为人们达成共识的基础。"对传统的'己所不欲,勿施于人'的人我关系原则,选择'比较同意''非常同意'两项的占60.99%,说明这项传统的人我关系原则依然为大多数人所认同和接受。"① 所谓"己所不欲,勿施于人",简单地说就是推己及人:自己希望怎样生活,就想到别人也会希望怎样生活;自己不愿意别人怎样对待自己,就不要那样对待别人;自己希望在社会上站得住脚,能通达,也帮助别人站得住脚,能通达。总之,从自己的内心出发,推己及人,去理解他人,对待他人,这样也就做到了友善待人。"不欲"指的是我所不欲的,也是他人所不欲的,是一种自我与他人的共同性,一种人类的共同性,"不欲"主要应指不义的行为。"己所不欲,勿施于人"以禁令的形式阐述了一个简单而朴素的道理,即一个使人类社会得以生存、文明得以延续和发展的基本道理。这种替别人着想的道德情怀,代表了一种文明,不仅在中国,在全世界也有着广泛影响。在国际红十字会总部,就悬挂着孔子"己所不欲,勿施于人"的语录,体现了人类对友善的美好人际关系的向往。现代社会对人们的交往方式和能力都提出了更高的要求,友善的品德在人际关系中发挥着越来越重要的作用,继承和发扬中华民族与人为善的优秀道德品质有着重要意义。友善是美好的道德品质,是基于人们对于善价值的追求,它不是没有原则的人际交往的技巧,而是人与人之间的相互促进、相互帮助。

友善的品质还表现在家庭关系和工作关系上。在家庭中不友善,就难以和家人和睦相处,在工作中不和同事友善相处,就难以顺利开展工作。另外,友善对于提高自身的道德素养,促进自身素质的全面发展具有重要的现实意义。友善是一个人良好道德修养的表现。

(三)友善是个人全面发展的重要条件

把友善说成是个人健康成长的良方主要是因为:友善有助于建立良好的人际关系;友善有助于提高个人的道德修养;友善指引人格的完善;友善

---

① 吴潜涛:《当代中国公民道德状况调查》,北京:人民出版社,2010年,第63页。

在个人成才中不可或缺。友善是抽象的,而平等待人、尊重他人、礼让、宽容、帮助他人等内涵把它具体化了,一个人能够做到这些可以说他就是个友善的人,是与人为善的人。在人与人交往过程中,我们都希望得到他人的尊重和平等相待。人心换人心,我们若想得到他人的友善相待,必须先做到友善待人。当一个人对他人友善时,往往也会得到他人友善相待,反之亦然。友善是人际关系的"润滑剂",能够促进良好人际关系的形成。

友善是一个人良好道德修养的体现。在公共场合,例如排队买票时的点头微笑致意,办事过程中彬彬有礼地询问和交谈,公交车上主动让座等,都是个人道德涵养的体现。友善有助于个人塑造良好的品德,指引人们人格的完善,对个人心理健康有着重要意义。追求友善道德境界的过程是与坚持为人民服务和集体主义一致的,这个过程就是无私奉献、追求崇高、升华人格的过程。友善是社会倡导的价值观,它符合人民的利益诉求,符合社会的发展。友善有助于实现个人的利益诉求,有助于实现个人的价值追求,有助于实现个人的发展需求。因而友善有助于个人的健康成长和发展。在竞争压力越来越大,价值观日益多元化,自我意识日益膨胀,个人主义日趋上升的社会环境下,友善能够引领人们把他人当作社会生活的伙伴,以开放、求同存异的心态对待人与人之间各方面的差异,避免仅仅强调自我权利和利益的最大化,这样有助于填充人们之间的沟壑,缓解人们之间的紧张关系,为公民实现自身权利、利益和健康生活营造良好的社会氛围。

我们说,百年大计,教育为本,教书育人,德育为先。德育为先就是强调德才是最重要的,倘若教育培养出的是有才无德的人,那么教育就是不成功的。一个人纵使有很高的才华,然而他不懂得尊重他人,不知道关心他人,对处于危难中的他人袖手旁观,只想着自己的利益,那么也不是一个真正的人才。

(四)友善有利于社会主义市场经济的健康发展

我国社会主义市场经济建设已经有了很大发展,社会各项事业取得很大成就,社会主义制度也日益完善。但市场经济的负面影响还是存在的。

参与社会主义市场的主体有生产者、经营者和消费者。友善对社会主义市场经济的影响可以从友善对这三个主体产生的影响来分析,即是对人的影响。除了对三个主体的影响,友善的社会氛围和公共秩序对社会主义市场经济的健康发展也产生重要作用。市场经济的激烈竞争带来了人与人之间日趋激化的矛盾,友善所具有的内涵能够化解矛盾。友善的人际关系使矛盾双方更能从对方的角度出发考虑问题,更善于理解对方,更可能宽容对方,从而使矛盾更容易解决。友善的人际关系是交往主体怀着真诚的心,在交往过程中尊重他人,平等待人,相互帮助,遇到矛盾能先从自身找问题,发生冲突能尽量宽容和礼让。培养友善的品质,在社会中形成友善的风气,能够减少生产者生产假冒伪劣产品,减少经营者的欺骗行为。

矛盾大事化小,小事化了,甚至化敌为友,从而使人们将更多的精力投入到实现自身价值并创造社会财富上。人与人之间友善的关系,带来良好的人文环境和友善的社会氛围,而良好的人文环境和友善的社会氛围可以使个体更能够感受到做人的价值和尊严,更能够激发个体的创造力,将个体的潜能最大限度地发挥出来,可以使其积极投入到工作中,进而能够更好地发展社会生产力,创造社会财富。

友善改变现代人的怨恨气质,化解现代伦理危机,为建构社会主义和谐社会伦理共同体提供有力支持。首先,友善可以使个体更能感受到人的价值和尊严,体验生活的美好和人生的幸福,甚至激发生命的创造力,将个体的潜能最大限度地发挥出来,圆满地实现个人价值和社会价值。友善就像润滑剂,使人具有团结协作的能力。团结协作是一切事业成功的基础,个体的发展离不开他人,离不开社会。友善的渗透使人在与他人合作的过程中处处体谅他人,为他人着想,形成互敬互让、气氛友好的合作氛围,构筑良好的人际关系,从而有利于人们的身心健康和事业成功。人们只有相互帮助、友好、平等相处,才能保全个体的利益,同时使社会的整体利益最大化。相反,怨恨腐蚀人的心灵,破坏人际关系,使可能的合作成为不可能。人在怨恨的情绪下可能作出道德败坏甚至触犯法律的事情,还会压制个人潜能的发挥,使其无法实现个人价值和社会价值。因此,友善引导我们抛弃怨恨,化敌为友,培养友善意识,传达友善观念,践行友善行为,使友善成为指导、评价社会成员价值取向的一种善恶标准,一种规范性和导向性的道德力量。

(五)友善有利于社会主义和谐社会的建设

和谐是反映事物之间及事物内部各要素之间多样性统一的关系范畴。和谐表征的是天人、人际、身心关系的相通契合,统一状态,是人们一直追求的一种理想境界。友善的人际关系既是社会主义和谐社会建设的一部分,也是促进社会主义和谐社会建设的一个重要因素。友善的人际关系就是人际的和谐,是和谐社会的一个重要标志,友善的人际关系和社会主义和谐社会两者是相互促进、共同推进的。友善有利于社会主义和谐社会的建设主要体现在几个方面:友善有助于建立良好的人际关系;有助于改善不良的社会风气;有助于消解社会心理矛盾;有助于社会成员的团结和互助。激烈的社会竞争、日益多元的价值观带来的差异性、个人主义的发展是造成人际关系紧张的几个重要因素。而友善的内涵有平等待人,尊重他人,拥有真诚的心,宽容,礼让为先,相互帮助,因而友善能够帮助人们建立良好的人际关系。现在社会上存在注重功利、追求金钱、过分追求个人利益、地方主义和小团体主义等不良社会风气,这些不良社会风气需要倡导友善来改善。人们在知识背景、能力、兴趣、外在条件等方面有差别,自然造成了社会群体的分化、社会的分层。在这种背景下,社会成员的心态在某些时候会出现失衡,比如仇富心理、浮躁心理、对公共利益的漠视等。要消除这些不良社会心理就要构筑社会成员之间通达的桥梁。倡导和培育友善,帮助人们以积极阳光的心态看待其他社会成员和社会现象。友善就是要真诚、不欺骗、心胸坦荡、守信,以宽容之心对待差异,在交往过程中传递爱心,相互帮助,团结他人。友善是维系社会主义和谐社会政治共同体的武器。人类社会发展规律表明,社会越是分化,越需要整合全社会力量。友善对于整合全社会力量搞建设有着重要意义,它是维系及巩固社会主义和谐社会政治共同体的精神支柱和纽带。

三、如何构建友善和谐的社会环境

在社会处于转型期的今天,社会成员能否拥有友善的品质体现着一个人的道德水平,友善是每个公民应有的基本道德品质。现代社会日益细化的社会分工决定了任何人都不是一个单独的存在,任何人都不可能独立地生活在这个社会中,只有相互协作,友爱团结,才能营造和谐共生的社会环境。

(一)提高公民的社会认同感

社会认同,简单来说就是指人们对社会身份的认同,是对自己属于某一社会群体成员或某一社会类别的归属感和价值感,对自己所处的社会环境,包括社会本身的制度、文化思想等的认同。社会认同是个人在发展过程中,经过社会化,将自己的特性与自身联系起来,与周围环境建立一致的联系,对自己所属群体的认可并理解和共享该群体的社会价值、意义。社会认同的情况会极大地影响人们的情感、思想和行为。我们每个人都需要社会认同,因为每个人都不是单个个体,都需要在社会中生活,以某一社会身份进入社会,再承担这一身份的社会责任,满足社会对这一身份期待的同时也获得自己生存的现实感和价值。社会公共领域的拓展,社会的日益多元化,价值观的多元化,社会的流动性越来越强,人们之间的差异越来越大,加之竞争压力越来越大,自我意识的增长等,社会上出现价值相对主义的苗头,社会认同出现了危机。缺乏认同就会带来社会危机,出现偏见和敌意,引发社会冲突乃至社会灾难,导致人们孤立和冷漠。友善的人际关系需要建立在社会认同的基础上,社会认同有利于凝聚人心,人们朝向同一目标前进,社会认同是友善的社会心理保障。公民只有认同了自己的国家公民身份,认同自己所属的群体、集体,所在的单位等,才能把自身与周围环境联系起来,履行自己的义务、承担自己的责任,帮助群体中的成员等。当前,培养社会认同就是要推进社会主义核心价值体系的大众化,在宣传社会主义核心价值体系过程中,用群众容易理解的表达方式,使其深入人心,要弘扬主旋律,强化中国特色社会主义这一共同理想,以社会主义荣辱观为基础,巩固全体人民共同奋斗的思想道德基础。培养社会认同还要健全社会各项制度,保障公民的权利,为逐步实现社会公平正义创造条件。加强社会认同,发展生产力是最根本的,因而要大力发展生产力,满足人民群众的需求。

(二)与为人民服务和集体主义相结合

为人民服务和集体主义是社会主义的集中体现,是社会主义本质的体现。人民是社会主义国家的主人,为人民谋利益、谋幸福是社会主义核心价值观的根本价值目标。为人民服务与马克思主义相一致,与社会主义相一致,与中国共产党的宗旨相一致,是马克思主义的基本精神,也是社会主义的本质要求,是社会主义核心价值观的体现。集体主义就是个人利益服从集体利益、民族利益和国家利益,集体利益高于个人利益,局部利益服从全局利益,眼前利益服从长远利益,就是一切言行符合人民群众的集体利益。友善与为人民服务、集体主义是一致的。为人民服务要求人们牢固树立为人民服务的意识,要有一种奉献精神。为人民服务具体到日常生活中就是要了解身边人的实际需要,互相关心,互相爱护,互相帮助,在各自的工作岗位上努力工作,服务人民。集体主义要求人们关心集体,助人为乐,坚持集体利益、国家利益高于个人利益。一个人能够做到为人民服务,那么他必定是一个友善的人。尊重他人和平等待人是最基本的要求,这是待人的态度,如果连这个都做不到也就很难想到他有一颗为人民服务的心。礼让、宽容和相互帮助是友善的内涵,友善的含义在于实现自己权利和利益的同时也帮助他人实现其权利和利益,关照自己也关照他人。友善的最高境界是舍己为人。集体主义就是当个人利益与集体利益相冲突时,首先考虑集体利益。友善就是要将他人利益和公共利益纳入自己的视野,它暗含着集体主义精神。友善的培育要以为人民服务为中心,以集体主义为原则。为人民服务和集体主义能够为友善提供良好的思想道德基础,为人民服务和集体主义的有效落实就能很好地促进社会友善,友善的培育也为为人民服务和集体主义提供良好的社会基础。它们是相互促进的,具有一致性。因而要培育友善就必须和为人民服务、集体主义相结合,落实为人民服务的思想,坚持集体主义原则。

(三) 完善社会制度

社会制度有它自身的价值,制度本身也可以说是一种规范体系。制度体现的是社会的文化伦理思想和价值观念。人们可以从制度本身学习到社会规范。通过对制度的认同来达到对社会的认同,实现人的社会化。通过制度彰显友善观念是保障友善的一个重要方面。法律和道德是调节人们关系的两个方面,法律重惩治,道德重教化、说服和劝导。一个国家和社会要想稳定和发展,必须两种手段都要兼顾,对于侵害公民、危害社会的违法犯罪的人,必须给予法律惩罚,对于是非、善恶、美丑、荣辱观念不分的人,必须进行道德教育。法律规范和道德规范是相互联系、相互补充的,其目的在于维护社会稳定,促进社会发展,都属于上层建筑范畴。法律规范和道德规范应相互结合,共同发挥作用。通过法律的惩恶,从另一面进行扬善。而且法律规范和法律制度要体现友善观。法律制度对于公民不是陌生的存在,正义合理的法律制度是公民实施友善行为的保证,能够激发公民的友善动机和友善行为,应严厉打击公民对友善行为的报复和诬陷。

(四) 维护社会公平正义

追求利益是人类一切活动的动因。利益的冲突是造成人际关系紧张的根源,对利益冲突处理不当就会造成社会内部成员之间的隔阂、不信任和冲突,而这些是社会最大的潜在动荡因素,但维护社会公平正义,确保社会内部成员的利益能够合理得到实现,是人际关系友善的一个重要保障。社会的公平正义是以大多数人的利益来衡量的,大多数人的利益在某些地方和方面就是公共利益的体现。维护社会公平正义与实现个人利益、公共利益的统一是相一致的。社会公平是社会对利益分化进行调节的必然结果。要维护社会稳定,必须要维护社会的公平和正义,实现社会各个阶层、各个群体以及大多数成员的共赢,使绝大多数社会成员都受益,这样才能取得社会不同利益群体的广泛支持和接纳,进而为人与人之间的友善关系创造良好的条件和环境。社会各方面的利益关系协调,人们的利益得到合理实现,人们的心情舒畅更能感受到生活的幸福,友善的风气更加容易生发。社会公平正义具体表现为机会公平、分配公平、社会保障公平等。两极分化是收入分配不公平的体现,也是社会不公平的重要表现。改革开放以来,人们的收入差距越来越大。应发挥社会舆论的积极作用,为友善营造良好的氛围 友善是一种道德规范,诉诸人们的"良心",也就是诉诸人们内心的"道德信念",体现的是人们的道德修养和道德素质水平。

社会舆论的力量和影响有时候是巨大的,它是无形的,而且不容易预测和受到控制。有时强大的社会舆论能够影响国家政策的制定,对社会的一些重大事件产生重要影响。它能够在潜移默化中,"改变人的性情,变化人的气质,移转社会风气,形成某种道德氛围"。这种社会舆论,如果能够同价值观和内心信念相结合,就更能发挥重要作用。正确的社会舆论可以为人们指出思想行为的正确方向,对增强人们正当思想行为的力量具有重要作用。对于加强社会团体内的团结,以及纠正不正当的意见都具有重要作用。

社会舆论特别是大众传媒,要对一切道德行为、特别是对那些道德楷模和崇高的英雄行为,予以表扬,激励更多的人向他们学习;对那些不道德的行为,要给予斥责、批评、告诫,甚至采取必要手段,使他们感到羞辱,受到惩罚。在出现典型事件时,在社会上出现对某些热点、难点问题进行激烈讨论时,在人们对社会价值观出现迷惑、受到困扰时,就是对人们进行教育的好时机,而现代人主体意识越来越强烈,各类媒体应担负起引导的责任。发挥社会舆论的作用要坚持以社会主义核心价值为导向。社会舆论特别是大众传媒要坚持社会主流思想,以社会主义核心价值观为指导,引领多元化的社会思想观念,传递积极健康的价值观念,弘扬理性、科学精神等,营造一种积极向上的氛围,使友善容易生发。大众传媒要积极宣传好人好事,宣传道德楷模,宣传雷锋精神,营造友好和谐的社会氛围。

(五)加强个体自律

现今社会,我们在获取自己正当权利的同时,也要履行自己的义务。在公共领域,不能只想到个人的权利,也要想到我们有对他人和社会的义务。因为任何权利都不是无条件享受的,享有权利的同时也意味着权利主体应履行相应的义务、承担相应的责任。公民资格权利界定了人们成为社会成员的边界,同时也规范了作为公民所需要履行的义务。依照这样的观点,一个人之所以成为公民,不仅仅因为他(她)拥有法律规定的形式上的权利,更为重要的是,他(她)作为社会共同体的一员,还要为社会共同体尽到应有的责任,这也是公民资格不可缺少的条件。正因为有责任和义务,才有公民资格,权利和责任、义务是对等的。在公共领域,公民需要有一种公共精神,公民积极参与公共生活,在交往中做到友善。在遵守法律、履行法律规定的权利和义务的过程中,还要强调尊重、平等、宽容、自我节制等,要用谦让、协商、对话的方式沟通问题、解决冲突,用真诚的心消除敌意,达到和谐,实现社会公正公平的原则。现实生活中,有的人只知道享受权利,只知道行使自己的权利,而不知道自己作为社会公共体中的一员也要付出,要履行自己对社会、对他人的责任和义务。如果我们每个人都能够坚持享有权利和履行义务相统一,社会中的不友善现象就会减少。

带领乡亲奔赴致富路

格桑欧珠是拉萨市林周县强嘎乡切玛村村民。2007年,他个人出资42391元,协调装载机、挖掘机、翻斗车及20名矿工,为切玛村委会拉定自然村和嘎布自然村修路20公里。在三期农网改造工程中,他出资27809元,解决了迁电的燃眉之急;出资28万元,修建乡政府至切玛村委会的7公里道路。2007年慰问群众85户,折合人民币46780元。2008年藏历年看望慰问26户贫困户,送去慰问金18000元;出资37302元维修胜利干渠、防洪堤及部分支渠;出资60余万元,为切玛村委会新修桥梁8座;出资35万余元,新修乡村道路37公里;出资17万元修建切玛村委会古如大桥。2009年藏历年慰问21户贫困户,送去慰问金14000元;出资5万元为曲嘎强村委会新修机耕桥8座。2010年"六一"儿童节,出资近2万元为学校的172名学生购

买日常学习用品和校服。自2007年至今,格桑欧珠共出资205余万元为群众办好事。

友善是处理人与人之间关系的一种德行,其中融入的是宽厚。友善是人们内心最真实的渴望和最简单的诉求,它是指人们希望自己生活在友好、友谊、友爱的氛围中,希望自己的周围充满善意、善举。只要每个公民都从自己做起,从小事做起,以友善的态度与家人相处、与朋友相处、与社会相处、与自然相处,便会营造出谦逊友善的社会氛围。这种融洽的人际关系,不仅可以使我们心情愉快,而且可以大大提高我们的生活质量和工作效率,加快我们国家发展的步伐,并且是构建社会主义和谐社会的润滑剂。

(资料来源:拉萨文明网,2014年11月5日。)

【点评】在"熟人社会"里,早晨出门有左邻问候,晚上返家有右舍打招呼,平时有什么急事大事,都是左邻右舍齐上阵,在共同体的护佑下,享受着人间温情。现在是"陌生人社会",熟人的传统规则已难以满足我们的需求,必须将对熟人友善的习惯扩展到身边的陌生人,建构新的共同体。友善需要内化于心,外化于行,在点滴生活中修炼。这样在一言一行中践行友善,传统社会里裁出细柳叶的二月春风,就会吹进现代的城市家园。

友善是治堵的"精神疗法"

贵州省人民医院人多车也多,每天有6000余辆车进出,往往"一位难求"。医生和患者像是在进行一场没有终点的拉锯战,医生那边多拉一点,留给患者的停车位就少一些;患者这边多拉一点,留给医生的停车位就不多。究竟是让医生多拉一点还是让患者多拉一点,看似简单的问题,却难以找到两全其美的解决之法。向医生倾斜吧,想想患者多不容易,无论是患者本人还是患者家属,本来就受到病痛的折磨,身体疲惫,精神焦虑,让他们少为停车位折腾也是应该的。那就向患者倾斜?其实医生也是挺累的,感动网友的"最美睡姿",就折射出很多医生在超负荷工作,停车方面给他们提供便利,谁说不是应该的呢?

最终的裁定是,可爱的白衣天使作出让步。按照《市人民政府办公厅关于缓解交通拥堵的意见》《贵阳市政府办公厅关于印发 2016 年第一批突出交通堵点治理行动方案》通知要求,贵州省人民医院被列为第一批治理单位。医院决定 3 月 1 日起取消全院职工停车卡,倡导职工尽量选择公共交通低碳出行,为患者腾出近 2000 个停车位。受益的不仅是患者,医院附近的交通拥堵情况将得到缓解。

职工停车卡说没就没了,医生生活习惯被迫改变,一时可能有些不适应。但要明白,腾出停车位是医院对患者、对交通拥堵中的市民友善的举措。天上不会掉馅饼,医生们践行友善观,也得有所付出。然而,病患方不能一边点赞医生,一边驾车涌往医院。现在,进出贵州省人民医院的车辆,最高峰达到每日 6500 辆左右,如果因为医生腾出近 2000 个停车位,大家觉得停车方便了,本来可以选择公共交通的也要自己开车前往,治理医院周边交通拥堵的目的就会落空。

病患方需要读懂医生的不易,读懂医生的友善精神,也像医生一样友善,尽量坐公交车低碳前往医院。如果有更多的人愿意在交通拥堵中承担责任,乐于践行友善观念,城市生活就会变得舒畅顺心。

大型医院附近的交通,为何容易拥堵?与医疗资源分布不合理相关,如果基层医院的服务质量得到提升,大部分疾病能够在社区医院治疗,就不会有这么多人涌入大医院。然而,在指出客观存在的问题时,不能忽略个人应该承担的责任,否则就是走向友善的反面。

可以想象,抱怨交通拥堵,自己却又不反思然后选择低碳出行,只是一味指责交通规划、医疗资源分布不合理;抱怨现在的人戾气重,与家人同事相处时,动不动就火气上升,自己却又不反思然后提高修养,只是一味指责社会不公,为坏心情提供适宜的发芽条件。这是没有担当的态度,只会把责任往外推,是促进社会问题解决的障碍。

(资料来源:《贵州日报》,2017 年 2 月 24 日。)

【点评】友善是社会主义核心价值观的重要内容,要求我们善待身边的人,构建和谐的人际关系;要求我们善待环境,构建和谐的自然生态。尽量坐公交车上班,让交通顺畅一些,减少别人和自己的拥堵时间,就是对共

同生活在一个城市的邻居的友善;尽量低碳出行,减少汽车尾气排放,让天空更蓝、空气更清新,就是对自然环境的友善。友善是我们与他人、与自然环境相处的法则,遵守它,我们与他人的关系、与周边环境的关系就不会紧张,这是引导我们走向令人向往的理想家园的坦途。

三轮车撑起贫困孩子的希望

河北沧县白贾村是白芳礼的老家。1944年为了避难,他逃到了天津,以拉三轮车维持生活。解放后,他在运输场当了一名工人。虽然他的工作从拉三轮车变成了蹬人力三轮,但是就是靠这份看似平凡的工作,他把自己的4个孩子抚养长大了,还被评为人民服务的劳动模范。对此,他感到很欣慰。

1987年,孩子们要求已经74岁的老人不要再在城里蹬三轮车了,回家养老。但是,一件事情让老人又回到了城里。

在孩子们的劝说下,白芳礼老人回到了老家,一次他看到一群孩子在农田里干活,他有点诧异,便问道:"孩子们,怎么大白天的你们不去上课,却在田地里干农活呢?"原来是他们的家里人不让他们去学校上学。白芳礼老人又去询问孩子们的家长,得到的回答却是家里人拿不出钱来让孩子上学。听了这回答,老人的心情异常沉重。他又去询问村里的校长孩子们的学费情况,校长回答一年也就80元到100元。但是村里的教育还有一个现实问题摆在那,就是工资待遇低,村里的老师都走了,老师越来越少。

晚上老人一直睡不着,想了很多,他要做点事情来改变孩子们不能上学的状况。

老人作出决定后,召集自己的儿女和老伴开了一次会,对他们说自己得回城里蹬三轮车,挣钱来支持村里的孩子们读书。

全家人都被老人的话给惊呆了,在家人都还没有从老人的话中缓过来的时候,老人接着说,他决定把以前蹬三轮车攒下的5000块钱全部捐出去,支持学校办教育。

5000块钱是老人辛苦一辈子攒下来的养老钱,但是他没有一点不舍。下定决心后,白芳礼老人就去了村里小学,把钱捐给了校长,并对校长说,自己回城里去,下次还会来的。

于是,我们又在天津火车北站看到了白芳礼老人蹬着三轮车的身影。

一年四季,白芳礼老人都在不停歇的工作。因为他频繁工作的身影,火车站附近的人差不多都知道他。白芳礼老人穿着非常破旧,但是他一点都不在意。他从来没有买过衣服,甚至身上的很多衣服都是在垃圾堆里面捡的。在吃的方面,老人也是非常节省,经常是两个馒头搭一碗白开水,就着一点点咸菜。因为他想把钱都省下来捐给孩子们。为了方便自己拉活,他经常随身带着报纸,睡觉的时候用报纸一铺,走到哪睡到哪。

1994年,老人去一个学校给贫困生捐钱,他把前一年冬天挣的3000元全都捐出去了。校领导代表全校接受捐助的300余名贫困生向他致敬,表示感谢。老人想到:现在家里贫困的学生那么多,仅仅靠他一个人的力量是不够的,资助不了几个学生,况且自己年纪大了,该想个别的办法了。

那天回家后,老人对儿女们说:他准备把家里的两间老房子卖了,再贷款办个公司,名字就叫"白芳礼支教公司"。

孩子们没有反对父亲的行为,但有点担心父亲的身体,因为父亲的年纪毕竟大了,担心他再继续这么累身体会吃不消。白芳礼却精神振奋地对儿女们说:我一点事情都没有,只要你们支持,比给我买保健品还让我健康。

就这样,在天津火车站,全国唯一的一家"支教公司"——天津白芳礼支教公司正式成立。

随着时间的推移,白芳礼支教公司一步步壮大,从一个小亭子发展到后来的十几个摊位。

白芳礼当上了董事长,人们认为这下他可以好好享福养老了。但是他却还是每天雷打不动地蹬三轮车拉货,甚至为自己定了月收入1000元的目标。

白芳礼老人的故事感动了全中国人,这样一个平凡而伟大的老人用自己的实际行动为所有人作出了榜样。2005年9月23日早晨,93岁的白芳礼老人静静地离开了这个世界,但是老人靠蹬着三轮车"支教"18年的事迹却永远留在了人们心中。

(资料来源:中国文明网,2012年3月11日。)

【点评】白芳礼老人虽然没有留下任何物质财产,却留给我们无穷的精神财富。他一生锲而不舍地靠蹬三轮车资助学生,自己过得很清苦,但他十分快乐。这是他的信仰,也是支撑他的一种精神力量。

一步一个脚印向前走
——评习近平主席在华盛顿州当地政府和美国友好团体联合欢迎宴会上的演讲

秋日晴阳,潮涌两岸。"翡翠之城"西雅图迎来中国贵宾,习近平主席由此开启访美行程,中美构建新型大国关系牵动世界目光。

"如何在新起点上推进中美新型大国关系?中美应该怎样携手合作来促进世界和平与发展?答案就是要坚持构建中美新型大国关系的正确方向,一步一个脚印向前走。"习近平主席在华盛顿州当地政府和美国友好团体联合欢迎宴会上的演讲,以自信、开放、包容、友善的大国胸怀,深刻阐释中国的发展方向和政策走向,明确指出推进中美新型大国关系的基本原则和具体路径,为处于关键节点的中美关系注入信心和动力,让人们对世界和平发展前景充满期待。

随着世界格局深度调整,中美关系越来越具有超越双边范畴的战略内涵,增信释疑,是中美良性互动的题中之意,亦是习近平主席此访的重要着力点。从追忆梁家河村的变迁谈到发展依然是当代中国的第一要务,以"凤凰涅槃、浴火重生"表达对中国经济保持平稳较快发展的信心,以"敢于啃硬骨头、敢于涉险滩"宣示改革决心,以"打铁还需自身硬"表明中国推进反腐败斗争的态度……习主席以坦诚的态度解疑释惑,用理性的思考谋划未来,用真挚的感情唤起共鸣,将一个奋斗在复兴路上的中国,一个致力于世界和平发展的负责任大国形象真实呈现于世人面前。越是增进了解,越能打开心结。美国舆论普遍认为:习主席的演讲真诚而充满个人魅力,"直接触及美国官员和观察家们心中的许多疑问"。

历史的车轮滚滚前行,和平发展、合作共赢的时代潮流不可逆转,中美关系在世界格局演变中发展,也曾经历曲折起伏,亦在积累经验成果。避免陷入"修昔底德陷阱",探索大国关系模式应时而生。从庄园会晤到瀛台夜话,构建中美新型大国关系正在路上。"度之往事,验之来事,参之平素,可则决之。"在演讲中,习主席提出的"尤其要做好"的四件大事,是对这一理念的进一步丰富、发展和升华,为构建中美新型大国关系指明了正确方向,提供了战略擘画。

构建中美新型大国关系,正确判断彼此战略意图是基本前提。只有加深对彼此战略走向、发展道路的了解,多一些理解、少一些隔阂,多一些信任、少一些猜忌,才能有效防止战略误解误判,守住不冲突不对抗的底线。只有坚持以事实为依据,防止三人成虎、疑邻盗斧,避免用有色眼镜观察对方,才能拉近距离、增进互信。"修昔底德陷阱"并非铁律,只要中美正确判断彼此战略意图,就能打破大国冲突对抗的老路,开创大国关系发展的新模式。

构建中美新型大国关系,坚定不移推进合作共赢是重要动力。合作是大势所趋,共赢是人心所向。30多年前,人们很难想到,西雅图的樱桃有朝一日会走上中国人餐桌,南卡罗来纳州的小县城会建起中国纺纱厂。如今,从双边到地区再到全球,从双边投资协定谈判到应对气候变化再到共同促进世界经济稳定增长,广泛的合作不断推动中美关系向前走。作为世界上最大的两个经济体,作为最大的发展中国家与最大的发达国家,中美两国合作好了,既造福两国,更兼济天下,可以成为世界稳定的压舱石、世界和平的助推器。

构建中美新型大国关系,妥善有效管控分歧是重要保障。矛盾普遍存在,中美两国在一些问题上存在不同看法、存在分歧在所难免。正是因为有了分歧,才需要聚同化异、有效管控。最关键的,就是双方相互尊重、求同存异,采取建设性方式增进理解、扩大共识,努力把矛盾点转化为合作点,不断为中美关系发展铺平道路。

构建中美新型大国关系,广泛培植人民友谊是根基所在。从美国商船"中国皇后号"跨洋过海首航中国,到中国最早一批留学生颠簸万里"借西方

之学术灌输于中国",从美国人民"跨越海洋和地心引力"支援中国人民抗战,到小小乒乓球撬开中美交往的大门,中美友好合作,始终汇聚着两国人民的力量。国之交在于民相亲。中美友好,根基在民众,希望在青年。习主席宣布,中方支持未来3年中美两国互派5万名留学生到对方国家学习,就是要进一步夯实中美交往的民众根基,托起中美友好的新希望。

基辛格博士在其著作《世界秩序》中说:"评判每一代人时,要看他们是否正视了人类社会最宏大和最重要的问题。"对踏上改革开放新征程的中国来说,这"最宏大和最重要的问题",就是要让人民过上美好生活,实现中华民族伟大复兴的中国梦;对处在关键历史当口的中美两国而言,这"最宏大和最重要的问题",就是携手开创中美关系更加美好的未来,为两国人民幸福、为世界各国人民幸福作出更大贡献。

(资料来源:新华网,2015年9月24日。)

小贴士

踏踏实实修好公德、私德,学会劳动、学会勤俭、学会感恩、学会助人、学会谦让、学会宽容、学会自省、学会自律。

——习近平

要做一个在寒天送炭,在痛苦中送安慰的人。

——巴金

勿以恶小而为之,勿以善小而不为。

——(三国)刘备

后 记

习近平总书记指出:"中国梦的宣传和阐释,要与当代中国价值观念紧密结合起来。中国梦意味着中国人民和中华民族的价值体认和价值追求,意味着全面建成小康社会、实现中华民族伟大复兴,意味着每一个人都能在为中国梦的奋斗中实现自己的梦想,意味着中华民族团结奋斗的最大公约数,意味着中华民族为人类和平与发展作出更大贡献的真诚意愿。"

社会主义核心价值观作为凝魂聚气、强基固本的基础工程,继承和发扬中华优秀传统文化、传统美德,广泛开展社会主义核心价值观宣传教育,积极引导人们讲道德、尊道德、守道德,追求高尚的道德理想,不断夯实中国特色社会主义的思想道德基础。

核心价值观是文化软实力的灵魂、文化软实力建设的重点,是决定文化性质和方向的最深层次要素。一个国家的文化软实力,从根本上说,取决于其核心价值观的生命力、凝聚力、感召力。培育和弘扬核心价值观,有效整合社会意识,是社会系统得以正常运转、社会秩序得以有效维护的重要途径,也是国家治理体系和治理能力的重要方面。历史和现实都表明,构建具有强大感召力的核心价值观,关系社会和谐稳定,关系国家长治久安。

一种价值观要真正发挥作用,必须融入社会生活,让人们在实践中感知它、领悟它。要注意把我们所提倡的与人们日常生活紧密联系起来,在落细、落小、落实上下功夫。要按照社会主义核心价值观的基本要求,要以培养担当民族复兴大任的时代新人为着眼点,强化教育引导、实践养成、制度保障,发挥社会主义核心价值观对国民教育、精神文明创建、精神文化产品创作生产传播的引领作用,把社会主义核心价值观融入社会发展各方面,转化为人们的情感认同和行为习惯。坚持全民行动、干部带头,从家庭做起,从娃娃抓起。健全各行各业规章制度,完善市民公约、乡规民约、学生守则等行为准则,使社会主义核心价值观成为人们日常工作生活的基本遵循。要建立和规范一些礼仪制度,组织开展形式多样的纪念庆典活动,传播主流价值,增强人们的认同感和归属感。要把社会主义核心价值观的要求融入各种精神文明创建活动之中,吸引群众广泛参与,推动人们在为家庭谋幸福、为他人送温暖、为社会作贡献的过程中提高精神境界、培育文明风尚。要利用各种时机和场合,形成有利于培育和弘扬社会主义核心价值观的生活情景和社会氛围,使社会主义核心价值观的影响像空气一样无所不在、无时不有。

社会主义核心价值观的培育贵在知行统一,而知是前提、是基础,内心认同才能自觉践行,春风化雨才能润物无声。培育和践行社会主义核心价值观,一定要在增强认知认同上下功夫,使其家喻户晓、深入人心。要发挥政策导向作用,使经济、政治、文化、社会等方方面面政策都有利于社会主义核心价值观的培育。要用法律来推动核心价值观建设。各种社会管理要承担起倡导社会主义核心价值观的责任,注重在日常管理中体现价值导向,使符合社会主义核心价值观的行为得到鼓励、违背社会主义核心价值观的行为受到制约。

培育社会主义核心价值观,抓好宣传教育始终是一项基础性工作。积极健康向上的思想和精神在人们心里播下种子,就能生根、开花、结果,就能转化为崇德向善的实际行动。要把"三个倡导"基本内容讲清楚,引导人们牢牢把握富强、民主、文明、和谐作为国家层面的价值目标,深刻理解自由、平等、公正、法治作为社会层面的价值取向,自觉遵守爱国、敬业、诚信、友善作为公民层面的价值准则。要把当代中国价值观念的传播展示同中国梦的宣传教育有机结合起来,深入阐释中国梦是当代中国人民共同理想和价值追求的形象表达,是中华民族团结奋斗的最大公约数。认知认同不仅要体现在理性认知上,也要反映在情感认同上,真理的力量加上道义的力量,才能行之久远。这就需要找准宣传教育同人们思想道德情感的契合点,善于用讲故事的方式,宣传最美人物、弘扬最美精神,用身边事教育身边人,用小故事阐发大道理,做到深入浅出、情理交融。要善于运用大众媒体传播社会主义核心价值观,加强社会主义核心价值观的网上传播,最大限度地唱响正气歌,使社会主义核心价值观真正成为人们心灵的罗盘,成为人们情感的寄托。要全面系统、分层面、有重点地开展宣传教育,加强分类设计,梳理出各个阶段、各个领域的工作重点,一步一步地向前推进,积少成多、聚沙成塔,垒石成峰、功到渠成,引导人们不断加深对社会主义核心价值观的理解,融化在心灵里、体现在行为中。

本书编写组
2017 年 10 月